法学与法治建设研究文丛

孟庆瑜 主编

RESEARCH ON JURISPRUDENCE
AND RULE OF LAW

12

河北大学一流大学建设项目经费资助

河北省高等学校人文社会科学重点研究基地
——河北大学国家治理法治化研究中心资助

河北省社会科学基金项目“京津冀生态福利共享法律保障机制研究”（HB17FX003）

生态福利法律制度研究

Study on the Legal System of Ecological Welfare

刘茜 著

法律出版社 LAW PRESS·CHINA

总　序

“完善和发展中国特色社会主义制度，推进国家治理体系和治理能力现代化”是党的十八届三中全会确立的全面深化改革的总目标。在实现这一总目标的过程中，法治发挥着至关重要的作用。《中共中央关于全面推进依法治国若干重大问题的决定》进一步深刻指出，“依法治国，是坚持和发展中国特色社会主义的本质要求和重要保障，是实现国家治理体系和治理能力现代化的必然要求”。因此，将国家治理的现代化目标与全面推进依法治国的战略布局相结合，实现国家治理的法治化，不仅是党和政府全面推进的重大改革任务，而且是广大社会公众，特别是广大法律、法学工作者必须积极参与的重大系统工程。正是在这样一个特定的时代背景下，河北大学国家治理法治化研究中心适时成立和运行，并成功获批为河北省高等学校人文社会科学重点研究基地。

河北大学国家治理法治化研究中心是依托河北大学人大制度与地方立法研究中心、河北省政府法治研究中心等学术机构，整合法学、政治学、经济学、社会学等多方面的科研力量创建的，与河北省人大常委会法制工作委员会、河北省人民政府法制办公室、河北省人民检察院和河北省高级人民法院等国家机关和法律实务部门之间已建立交流与合作长效机制。中心拥有一支政治素质高、业务能力强、富有团队协作和创新精神的专兼职相结合的学术队伍，主要围绕人大制度与地方立法、政府法治与政府执行力、社会治理与法治创新、京津冀协同发展与地方法治等方向开展科学研究、人才培养和社会服务等工作。迄今为止，中心在课题研究方面，承担国家社会科学基金项目近10项，其中，中心负责人孟庆瑜教授主持的国家社会科学基金重点项目《京津冀区域生态环境协同治理政策法律问题研究》实现了河北省在该领域的突破；在决策咨询与服务方面，接受省人大法制工作委员会、省政府法制办公室、省人民检察院等部门委托，承担委托起草、专家论证、立法后评估、检察公信力测评等工作40余项；在学术交流方面，承办或协办第三届海峡两岸能源经济与能源法学术交流会、第六届中国农村法治论坛、第九届中国财税法前沿高端论坛、中国经济法学研究会2015年年会等多次全国性学术会议。

《法学与法治建设研究文丛》是河北大学国家治理法治化研究中心创设的，由法律出版社负责出版的研究成果转化平台，着力对法学研究和法治建设方面的原创性或实用性成果予以资助出版，以期能为推进国家治理体系和治理能力现代化这一总目标的实现提供必要的理论支撑和决策参考。

河北大学国家治理法治化研究中心

《法学与法治建设研究文丛》编辑委员会

2015年12月

序

千百年来,人类对福利的追求从未止步。从最初以满足社会成员衣、食、住、行等基本生存需要为宗旨的生存型福利,到其后以提升个人素质、谋求个体发展为旨归的发展型福利,福利形态不断变换,标示着人类生活品质的逐步提升。在当代环境价值观牢固树立,环境保护制度日趋健全的背景下,完善生态福利法律制度体系应当作为一项重要工作予以推进。

河北大学政法学院青年环境法学者刘茜的新作《生态福利法律制度研究》,是一部以法学视角探讨生态福利及其制度设计的理论研究成果。在体例上,全书划分为生态福利法律制度概说、生态福利法律制度的理论基础、发达国家生态福利法律制度的考察与启示、我国生态福利法律制度的现状及问题、我国生态福利法律制度的完善五个部分。第一章“生态福利法律制度概说”,重点界定了生态福利的概念,明确了其在法律上的定位(生态福利权),以此为基础界定了生态福利法律制度的概念,明晰了生态福利法律制度的内容;第二章“生态福利法律制度的理论基础”,对生态福利法律制度的理论依据进行了系统的归纳和梳理,夯实了制度建设的根基;第三章“发达国家生态福利法律制度的考察与启示”,选取了美国、英国和日本三个生态福利发展相对成熟的国家作为研究对象,详细分析了其生态福利法律制度的建设经验及对我国的启示；第四章“我国生态福利法律制度的现状及问题”，介绍了我国生态福利发展概况和立法概况，分析了当前我国生态福利法制发展中存在的问题，为完善我国生态福利法律制度明确了方向；第五章“我国生态福利法律制度的完善”，提出了完善我国生态福利法律制度的具体思路，主要包括：以生态福利权为核心建构我国生态福利法律制度体系，改进生态福利供给制度、健全生态福利分配制度，优化生态福利救济制度，加强配套制度建设等。

通阅全文，我认为本书有以下创新之处：第一，拓展了生态福利的研究范围。当前，生态福利的研究主要集中在经济学和社会学领域，从法学角度进行研究的很少，专门性、系统性研究基本没有，本书强化了对生态福利的法律规制，拓展了生态福利的研究范围。第二，明确界定了生态福利法律制度的概念。本书首先界定了“生态福利”的概念，明确了其在法律上的定位，在此基础上界定“生态福利法律制度”的概念。“生态福利法律制度”概念的明确，既弥补了学界从法律制度角度界定生态福利的空缺，又走出了“生态福利”与“生态福利法律制度”两个概念混淆使用的误区，为进一步论证生态福利法律制度的内容夯实了基础。第三，完整揭示了生态福利法律制度的内容，填补了生态福利法制研究的空白。作者认为，生态福利法律制度主要包括生态福利供给制度、生态福利分配制度和生态福利救济制度三部分内容。目前没有专门著述探讨生态福利法律制度体系，更没有对其内容进行系统研究的成果，本书填补了相关理论研究的空白。当然，由于既有研究成果较少，一手资料不足，导致对个别问题的研究不够深入，研究方法的综合性也尚有不足，这些都是作者在今后的研究中需要继续完善的地方。总体而言，本书不失为一部具有创新性的力作。

我国环境法学的发展欣欣向荣、蒸蒸日上，需要更多的环境法学人刻苦钻研、不断创新。借此机会，真诚期望作者继续潜心研究、努力耕耘，取得更大进步；真诚期待环境法学界后浪涌进、人才辈出；真诚祝愿我国的环境法学事业进一步走向繁荣，为中国特色社会主义法治理论体系的完善和实现“依法治国”的目标做出更大贡献！

王树义*

2018年8月29日

---

* 王树义，中国法学会环境资源法学研究会副会长，武汉大学环境法研究所教授、博士生导师。

目录

导　论

一种新型社会福利尤其是制度化社会福利的产生，根本上源于人的需要。社会福利具有直接或间接回应和满足人类生存与发展需要的功能。可以说，人类对美好幸福生活的向往和追求是社会福利产生的最初冲动。一个人的需要得到满足，他就会感受到幸福，处于福利状态。当然，不同的社会发展阶段，受生产力发展水平的制约，人类需求的层次和程度大不相同。原始社会至农业社会，生产力水平低下，人类的需求仅停留在解决温饱的基本层面。进入工业社会，生产力水平提高，人类的贪念随之极度膨胀，物质欲成为社会意识形态的主流，畸形的发展理念引诱人们疯狂地向环境资源索取能量，以扩大生产，满足自身不断增长的物质需求。生态环境资源因此遭到前所未有的破坏，大气污染、围湖造田、海洋退化、土地沙漠化和盐碱化等环境问题层出不穷。步入现代社会，人类的物质生活品质大幅提升，而生态危机不仅没有解除，反而愈演愈烈。臭氧层破坏、温室效应、酸雨、生物多样性减少等全球性环境问题呈现爆发之势，良好的生态环境成为一种“奢侈品”。卸下温饱负担的人们逐渐意识到自然环境资源才是人类之根，决定着人类生存的可能性及发展质量的高下，进而对高品质环境抱有极度渴望，希望回归大自然的淳朴与本真。生态福利需求适时而生，但这种需求却无法得到现实而充分的满足。原因在于，自然状态的资源为人所用虽然是一个逐步渐进的过程，不过，相对于人类需求的无限扩张，一定社会发展阶段的可用生态资源总是稀缺的。如此，围绕人类需要的满足，就产生了如何使有限的生态资源及其衍生利益在社会成员间进行合理分配的问题。

基于分配而形成的不平等社会关系是生态福利法律制度产生的根本动因。伴随社会形态的变迁和社会基础制度的演变，人类社会对环境资源及其衍生利益的分配主要形成了“基于强权的优势占有机制、基于交易的市场竞争机制和基于行政计划的国家分配三种机制”。[1] 在三种分配机制的作用下，社会成员中形成了不同的环境资源及生态福利分配关系，进而形成了非均等化的生态福利格局。一些人享用较多的生态福利而另一些人则享用较少的生态福利，当这种不平衡的分配关系固化为一种社会结构时，处于不同结构层次的社会成员基于利益多寡、经济富贫、力量强弱对立的社会现实，自然会产生不平等的社会关系，最终影响人们的生活质量和社会整体福利水平。“法律制度作为人类社会的特有现象，之所以被人为创造出来，是因为它能够满足人们的需要，使人的行为在既定的制度约束下进行并受它左右。因此，法律制度通过建立或多或少的固定化行为模式，或者设计人类行为的界限，或者订立人类行为准则，或者约束人类行为。”[2]一套成熟、理性的法律制度体系有助于协调和衡平相应的社会关系，维系整个社会秩序的和谐。因此，建构生态福利法律制度，可以借助法律的约束和强制功能规范生态福利的供给、分配和救济，保障社会成员的生态福利权，实现生态福利的平等、公平分享。

鉴于此，构建生态福利法律制度日益成为社会各界广泛关注的新兴热点问题。近年来，党和国家十分重视环境保护，提升居民的生态福利水平，并将发展生态福利提高到落实生态文明建设和全面建成小康社会的

---

〔1〕 江治强：《社会福利概念、缘起与我国社会福利发展方向》，载《中国民政》2010 年第 3 期。

〔2〕 聂德宗：《对法律制度功能与效率的经济学阐释》，载《学习与探索》1996 年第 4 期。

战略高度。2012 年党的十八大报告指出,“建设生态文明,是关系人民福祉、关乎民族未来的长远大计”,这是首次把生态文明建设与人民福祉(包括生态福利)联系起来,表明我国大力建设生态文明,提升国民享受高品质环境这一福利的坚定态度。2013 年 11 月党的第十八届中央委员会第三次全体会议通过的《中共中央关于全面深化改革若干重大问题的决定》特别强调“建设生态文明,必须建立系统完整的生态文明制度体系……用制度保护生态环境”,这就为生态福利法律制度建设提供了可靠的政策性支持。2015 年中共中央、国务院发布的《关于加快推进生态文明建设的意见》再次申明“生态文明建设是中国特色社会主义事业的重要内容,关系人民福祉,关乎民族未来”,并要求全党、全社会“牢固树立尊重自然、顺应自然、保护自然的理念,坚持绿水青山就是金山银山”,“加大自然生态系统和环境保护力度,大力推进绿色发展、循环发展、低碳发展,弘扬生态文化,倡导绿色生活,加快建设美丽中国,使蓝天常在、青山常在、绿水常在,实现中华民族永续发展”。同年,党的十八届中央委员会第五次全体会议提出“五大发展理念”,其中的“绿色”理念意指坚定走“生态良好的文明发展道路,加快建设资源节约型、环境友好型社会,形成人与自然和谐发展的现代化建设新格局,推进美丽中国建设”。2017 年党的十九大报告再次强调“必须树立和践行绿水青山就是金山银山的理念,坚持节约资源和保护环境的基本国策,像对待生命一样对待生态环境,统筹山水林田湖草系统治理,实行最严格的生态环境保护制度”。这些意见和要求实际上就是把增进国民生态福利、促进社会全面发展作为出发点和落脚点,以提升环境质量为核心,加大环境保护力度,实现人民生活水平和质量的普遍提高。可见,中央决策层已经认识到生态文明建设、环境保护与提升生态福利之间的紧密联系,并将生态福利法律制度作为生态文明建设的重要内容予以推进。与此同时,学术界也开始了相关研究工作,环境经济学者和环境法学者围绕生态福利发展问题各抒己见。如前所述,我国生态福利法制建设已经具备了一定的学术基础和法律基础,有必要将现有的研究成果上升为国家意志，建立专门的生态福利法律制度，为生态福利的发展提供强有力的法律保障。据此，本书立足公法角度，选取“生态福利法律制度”为题展开研究。

生态福利法律制度为人们充分享受生态福利提供了法律保障与服务，满足了人们的福利需求。对生态福利法律制度进行研究，无论在理论上还是实践中都具有重大而深远的意义。

第一，弥补生态福利法制理论研究的不足。生态福利是一个社会学概念。近年来，社会学领域的相关研究取得了一些成果，但法学领域的研究才刚刚起步，系统性、专门性生态福利法律制度研究几近空白。因此，本书可弥补生态福利法制理论研究的不足。

第二，厘清一个基本概念——生态福利权。生态福利并非专门的法学术语，因此找准其在法律上的定位至关重要。本书认为，社会成员获取生态福利应当成为法律上的一项权利，即生态福利权。生态福利权是不特定多数人为提升生活质量而要求政府免费或低费供给高品质生态环境的权利。它是生态福利法律制度的核心，是环境权的高级样态和具体化。这一概念的明确不仅为生态福利法律制度的完善提供了理论支持，而且也丰富和细化了环境权的内容。

第三，构建一个生态福利法律制度的理论框架。生态福利作为一种新兴的社会福利形态，需要法律制度加以保障。这种保障不是仅凭发布一项政策、制定一部法律就能实现，而是需要一个具有内在关联关系的法律制度束，形成一个完整的法律保障体系，以维护和促进生态福利的健康发展。本书旨在建构这样一个生态福利法制理论框架。

第四，建构科学、完备的生态福利法律制度是实践可持续发展理念的必然选择。生态福利法律制度反映了可持续发展理念整体有机的生态思维模式，它积极追求生态可持续性和社会公平正义，以保护环境和生态系统的纯美、完整为目标，以实现人与环境和谐相处为终极价值追求，倡导“以尊重自然的态度取代占有自然的欲念，以爱护自然的活动取代征服自然的行为,以保护自然的方式取代瓜分自然的劣径”,[1]并积极鼓励社会公众广泛参与环境资源的保护和管理,为其及时了解和掌握环境资源信息,充分行使生态福利权提供有效保障。所有这些都与“可持续发展的核心思想,即社会经济的发展应建立在生态可持续性、社会公平和人民广泛参与自身发展决策的基础上及其追求目标——既要使人类的合理需求得到满足,个人得到充分发展,又要保护生态环境和自然资源,不损害后代人的利益”[2]高度契合。从这个意义上说,完善生态福利法律制度是实践可持续发展理念的必然选择。

第五,建构协调、务实的生态福利法律制度,是保证社会公众充分享受生态福利的客观需要。生态福利实际分配过程中,各环节之间矛盾和冲突此起彼伏,有人与人之间的矛盾,人与自然之间的冲突等,任何一个环节如果处理不当,都会导致福利分配失衡。因此,迫切需要一种法律制度安排进行规范。生态福利法律制度应运而生。它能够依靠政府力量调和人与自然之间的关系,通过制度规范衡平人与人之间的关系,最终达到生态福利在社会成员间平等、公平分享的衡平状态。这种衡平不仅是一种规范约束下的衡平,更是一种能动创新的衡平。因为,生态福利法律制度不是简单地维护生态环境的原始静态平衡,而是通过制度创新理性地改造和保护生态环境,通过协调各种关系,建立起一种动态的平衡机制。在这样的环境中,公众会“更理智地对待自然,在协调共生的范围内利用和重构自然,进行适宜合理的物质能量交换,在自身发展的同时,努力提高生态系统各要素的协调度和有序度,增进和保持生态系统的再生和永续能力,维护自己和自然的和谐发展”,[3]从中享受良好的生态服务,获得实实在在的生态福利。

---

〔1〕 薛勇民:《走向社会历史的深处:唯物史观的当代探析》,人民出版社 2002 年版,第 25 页。

〔2〕 曹明德:《生态法原理》,人民出版社 2002 年版,第 45 页。

〔3〕 秦鹏:《生态消费法研究》,法律出版社 2007 年版,第 138 页。

第六,建构和谐、有序的生态福利法律制度是实现生态文明建设的“助推器”。生态福利法律制度是助推生态文明建设的重要力量。所谓生态文明指“人类遵循自然、社会、人和谐发展这一规律所取得的物质和精神成果总和,是指人与自然、人与人、人与社会全面发展、和谐共生、良性循环、持续繁荣为基本宗旨的文明形态”。[1] 生态福利法律制度以政府向公众供给生态福利为基本方式,以实现生态可持续及福利共享为目标,通过将生态福利在社会成员之间进行公平、合理分配,实现人与人、人与自然、人与社会之间的和睦共荣。可见,其与生态文明建设理念和谐一致,并通过强化对生态福利供给、分配和救济的法律规制,切实推行生态文明建设的发展。

尽管国内学术界对生态福利已有研究,但与其他发展成熟的社会福利形态相比,相关研究成果还是少之又少。在现已查询到的文献中,直接以生态福利为题的文章只有18篇,概括起来,可以分为三类:第一类是专门针对生态福利的内涵及制度架构进行分析研究的论文,共3篇,分别为:2013年刘茜、黄锡生在《河北大学学报》(哲学社会科学版)发表的《我国生态福利制度探析》,该文对生态福利的概念及法律制度构建进行了富有开创性的研究;2014年邓扶平、焦念念在《重庆大学学报》(社会科学版)第1期发表的《“生态福利”的法学蕴涵及其学理证成》,对法学视角下的生态福利概念及生态福利何以成为应受法律保障的新型权利问题进行了详尽论证;同年邓禾、蒋杉秋在《重庆大学学报》(社会科学版)第1期发表的《生态福利制度探索》,对生态福利的特点、构建生态福利制度的必要性及具体建议等问题进行了独到分析。第二类是从经济学、社会学理论研究的视角出发,阐述生态福利对经济建设的重要影响和作用,生态福利与社会工作的关系以及生态福利社会化的具体路径。分别为:2009年樊雅丽在《河北学刊》发表的《生态福利的引入与社会化——一个社会

---

[1] 王雪梅:《中国特色生态文明建设的理论基础与对策设想》,河南大学科学技术哲学学院2012年硕士学位论文,第9页。

政策的研究视角》，对生态福利的社会化及生态福利的社会政策导向进行了详细的分析与论证；2011 年何林、陈欣在《开发研究》第 6 期发表的《基于生态福利的陕西省经济可持续发展研究》一文中，以生态福利为一种度量方法，对经济发展的可持续性进行了全新角度的评价；2012 年武扬帆在《社会工作》中发表的《社会工作视角下的生态福利社会化》一文，从生态福利社会化的定义，社会工作方法在生态福利社会化中的具体应用以及社会工作者在其中的角色等方面，对社会工作视角下的生态福利社会化进行了系统的分析与阐述。第三类是从实践角度，借助新闻报道形式，介绍各地打造生态城市的模式以及为百姓提供生态福利的具体措施。分别为：2011 年 8 月 22 日通讯员钮立文、刘党生，记者胡俭在《扬州日报》A01 版，以《扬州百姓尽享"生态福利"》为题，详细介绍了扬州环保生态惠民工程给当地百姓带去的实实在在的生态福利。2011 年 8 月 30 日《扬州日报》B01 版《为百姓营造更多生态福利——依法履职维护环境安全，精细管理保障群众利益》；2011 年 10 月 13 日《杭州日报》A05 版《让百姓乐享"生态福利"》；2011 年 12 月 19 日《新华日报》A02 版《从"森林城市"看生态文明嬗变——绿色江苏，让百姓尽享"生态福利"》等。足以显见，目前我国学者对生态福利法律制度的研究尚处初级阶段，研究者较少，研究程度较浅。

国外关于生态福利问题的研究成果也是屈指可数。从目前收集到的文献资料来看，只有 1 篇直接以生态福利为题，阐释了建设生态福利国家的方略，即 2008 年 6 月韩国学者具道完发表在《绿叶》第 6 期的《自下而上，建构生态福利国家——韩国的生态社区和协会运动》一文，其中通过对韩国现行不可持续发展模式的反思，提出应当建立符合韩国社会发展需求的生态化范式中的福利国家生态主义。其他文献资料要么仅从经济学、管理学、社会学等视角，把生态福利作为一种分析或衡量工具，论证其他社会问题存在或不存在的合理性，要么仅仅提出发展生态福利的口号，没有系统的分析与论证，更没有将该问题提升到法律层面进行研究。

不可否认，尽管国内外有关生态福利法律制度的研究成果较少，但这些都是本书进行分析与论证的宝贵资料，笔者从中获得了不少灵感与启示。通过对生态福利法律制度国内外研究现状的梳理，不难看出，目前尚无对生态福利法律制度进行系统、全面分析的成果。既有研究未能明确界定生态福利法律制度的概念，没能完整揭示生态福利法律制度的内容；没有深入挖掘生态福利法律制度的理论基础；未能系统梳理发达国家生态福利法律制度的发展状况、总结有益经验；没能清晰分析我国生态福利立法现状及存在问题，也没有系统提出完善我国生态福利法律制度的对策建议。

第一，没有明确界定生态福利法律制度的概念，没能完整揭示生态福利法律制度的内容。尽管生态福利的概念已开始被学界使用，但究竟何谓生态福利法律制度却始终没有定论。笔者几乎找遍了自己能够收集到的关于生态福利的国内外资料，未能从中发现对生态福利法律制度的明确界定。现有研究要么从经济学角度界定生态福利，要么从社会学角度界定生态福利，唯独没有从法律制度角度分析界定生态福利。也可以说，国内外学者对从经济学、社会学角度所界定的“生态福利”概念与从法律制度角度界定的“生态福利法律制度”的概念根本未作区分，而是混同使用。由于生态福利法律制度的概念始终语焉不详，对其基本内容也难以形成整体而系统的认识。

第二，没有深入挖掘生态福利法律制度的理论基础。生态福利法律制度的理论基础是生态福利法律制度建构的理论依据和支撑，其功能在于从理论上论证生态福利法律制度的正当性与合理性。笔者未能从国外相关资料中找到关于生态福利法律制度理论基础的阐释。国内学者多从环境权理论、可持续发展理论、社会契约论等角度分析生态福利法律制度的正当性与合理性，虽无不妥，但大多论证简单，并不充分。

第三，没有系统梳理发达国家生态福利法律制度的发展状况、总结有益经验。生态福利的发展源于发达国家。他山之石，可以攻玉。考察、分析发达国家生态福利法律制度的建设状况及经验、启示,对完善我国的生态福利法律制度大有裨益。但既有研究成果鲜有对国外生态福利法律制度发展状况的介绍,更没有相应经验和启示的总结。

第四,没有清晰分析我国生态福利立法现状及存在问题,也没有系统提出完善我国生态福利法律制度的对策建议。国内学者研究生态福利法律制度的基本思路是先解读生态福利的内涵,而后论证构建生态福利法律制度的必要性,最后提出构建生态福利法律制度的若干建议,但他们忽视了如下问题:我国是否存在生态福利法律制度?如果存在,其主要内容包括哪些?我国生态福利法律制度的现状及存在的问题是什么?该如何完善我国的生态福利法律制度?明确生态福利法律制度的内容,梳理生态福利法律制度的现状,找出其中存在的问题是完善生态福利法律制度的前提和基础。由于基础性、前提性工作不扎实,当然也就不可能提出系统、完备的对策建议。

上述问题是现有理论研究的缺憾,不过也为本书开辟了研究空间,是本书力争分析和解决的基本问题。

第一章　生态福利法律制度概说

法律制度研究首先需要厘清基本概念。对于生态福利法律制度而言,生态福利是最基本的概念。因此,需要明确它的含义以及明晰其在法律上的定位。生态福利本身并非一个法学术语,而获取生态福利是社会成员的一项重要权利,该权利被称为生态福利权。据此,本章首先对生态福利进行界定,而后重点分析生态福利权,最后研究、论证生态福利法律制度的概念和内容。

第一节　生态福利法律制度的含义

一、生态福利的界定

从字面上看,生态福利由生态和福利两个概念构成。"生态"表示福利的内容,"福利"标明生态的属性。历史上,这两个概念没有紧密而必然的联系。只是伴随人们生态意识的觉醒及对生存环境质量要求的不断提升,学者们关注到了实践中人们对这种新兴福利的迫切需求,进而在理论上作出分析与论证,它们才得以结合。为准确界定什么是生态福利,需要分析"生态"和"福利"两个概念,并将它们与相关概念进行界分。

(一)生态及其相关概念

英文中,初始意义上的生态(eco-)源于希腊文"Oiko",意指住所、家或环境。它“反映的是人与自然的亲和性关系,是一个关系性概念,没有包含实体性内容,所以只有构词成分‘eco’表示,而没有名词形态”。[1] 汉语“‘生态’一词最早见于南朝梁简文帝《筝赋》‘丹荑成叶,翠阴如黛。佳人采掇,动容生态’,指呈现出美好的姿态”。[2] 现代意义上的生态(ecology)出现于1866年,由德国学者恩斯特·海克尔(Ernst Haeckel)首次提出,指自然界的琐事,[3] 即生物为了生存,彼此间及与非生物间的互动关系。其中,生物不包含人类。直至20世纪20年代,生态主体才逐渐扩展到人类。20世纪六七十年代,伴随环境问题的层出不穷,人们愈加意识到生态的重要性,并将其概念的外延由生命有机体(包含人)与周围生物、非生物环境之间的关系进一步拓展到人与人在自然与人文领域的交融层面。20世纪80年代以后,生态概念的本质由“关系论”升华至“和谐论”,强调人类社会政治、经济、环境、文化、教育等各个方面彼此促进,协调共生。它“已不再是单纯生物学的含义,而是相互作用的关系描述,是一门学问,更是表示生命和环境关系间的一种整体、协同、循环、自生的良好文脉、肌理、组织和秩序”。[4]

虽然生态概念的外延不断拓展,但始终未离开其根本属性——关系性。本书认为,生态就是一种客观存在的关系性概念,是生命有机体与周围相互关系的总和。这种关系既包括除人类之外的各种生物之间以及生物与非生物之间的关系,也包括人与自然、人与人之间的关系。它既强调整个有机、无机世界的关联性,又注重其整体性。

---

[1] 曾繁仁:《关于“生态”与“环境”之辩——对于生态美学建设的一种回顾》,载《求是学刊》2015年第1期。

[2] 吴宁、吴贵洋:《论“生态”和“自然”在生态学中的混用》,载《周口师范学院学报》2014年第6期。

[3] 参见李博:《生态学》,高等教育出版社2000年版,第3页。

[4] 王如松、胡聃:《弘扬生态文明深化学科建设》,载《生态学报》2009年第3期。

日常生活中,“生态”与“环境”[1]总是如影相随,通常合化为“生态环境”[2]一词使用。事实上,两个概念既有联系又有区别:一方面,两者关联紧密,“都是与自然和周围事物相关的概念,都表示对自然和人类的关怀”[3]。另一方面,二者存在一定差别。第一,“生态是一种关系,是去中心化的,而环境虽然也体现了关系的要素,但其重心在于周围事物的状态,是中心化的”;[4]第二,在环境哲学的视野中,“生态”是一个主客体一体化的范畴,而“环境”则属于客体范畴。不过实践中,人们对两个概念并不作严格区分,“生态环境”也已约定俗成地与环境概念同义。

“生态”与“自然”亦不等同。“英国著名历史学家柯林武德在《自然的观念》一书中写道:自然总是意味着某种东西在一件事物之内或非常密切地属于它,从而它成为这种东西的根源。这说明,自然最初的含义是事物的本性。”[5]在我国“自然”一词最早见于魏王弼所著的《老子注·五章》:“天地任自然,无为无造,万物自相治。”这里“自然”指事物自由发展变化,不被外界干预。[6] 现代意义上的自然更多地指与人相别的自然界。可见,生态与自然的区别非常明显,无论自然的哪种含义,都不能涵盖人与自然的关系这一层面。同时,生态与自然又紧密相关,生态必须以

---

〔1〕《现代汉语词典》(第6版)将环境界定为:A 周围的地方;B 周围的情况和条件。参见中国社会科学院语言研究所词典编辑室编:《现代汉语词典》(第6版),商务印书馆2012年版,第565页。2014年《环境保护法》第2条规定:本法所称环境,是指影响人类生存和发展的各种天然的和经过人工改造的自然因素的总体,包括大气、水、海洋、土地、矿藏、森林、草原、湿地、野生生物、自然遗迹、人文遗迹、自然保护区、风景名胜区、城市和乡村等。《现代汉语词典》释义中的“周围的地方”一定是相对于某个中心而言的;《环境保护法》对环境的界定则是针对人类的生存和发展而言的,是以人为中心的。可见,环境就是围绕某个中心事物、主体的外部条件和周围世界,它具有鲜明的中心性。

〔2〕虽然“生态”与“环境”概念存在差别,但无论在学理上还是日常生活中,两者搭配使用已经成为一种习惯,指与人类密切相关的,影响人类生活和生产活动的各种自然(包括人工干预下形成的第二自然)力量(物质和能量)或作用的总和。与环境概念相比,“生态环境”更加强调人与自然的互动关系。

〔3〕王树义:《环境法基本理论研究》,科学出版社2012年版,第331页。

〔4〕同上。

〔5〕[英]柯林武德:《自然的观念》,吴国盛等译,华夏出版社1990年版,第47页。

〔6〕参见吴宁、吴贵洋:《论“生态”和“自然”在生态学中的混用》,载《周口师范学院学报》2014年第6期。

客观存在的自然界为基础和核心。

综上所述，生态是一个去中心化的关系性概念，因此不同于环境，区别于自然。生态福利从产生机制上说是指着眼于人与自然的彼此影响，相互作用，所以使用以关系性为根本属性的“生态”一词，更为贴切。鉴于此，本书将题目的中心词界定为生态福利，而非环境福利或自然福利。不过，本书使用了约定俗成的生态环境概念表意环境，旨在强调人与自然的互动关系，同时表明本书所言之环境是全球生态系统背景下的宏观环境，并非指私人打造的微观环境，如私家庄园。

（二）福利的内涵、属性及其与福祉的界分

从词源上考察，英文中福利（welfare）为 well 和 fare 两个词的组合，意指“美好的生活”；德文里福利（Wohlfahrt）也是 Wohl 和 fahrt 两个词的合成，指“顺利前行”或“向好的状态发展。”[1] 汉语中“福利”一词最早见于“《后汉书・仲长统列传》：‘仲长统傅昌言理乱：是使奸人擅无穷之福利，而善士挂不赦之罪辜。’韩愈《与孟尚书书》：‘何有去圣人之道，舍先王之法，而从夷狄之教，以求福利也。’以上两处福利同样都是幸福和利益之意”。[2]《汉语大词典》和《辞海》同样将福利界定为人们获得的幸福和利益，其中，既包括精神因素，也包括物质成分。[3] 进一步从学科分类的角度考证，不同领域或思想体系对福利概念的界定各有侧重：古典功利主义或早期福利经济学[4]

---

〔1〕［日］一番ケ濑康子：《社会福利基础理论》，沈洁、赵军译，华中师范大学出版社 1998 年版，第 2 页。

〔2〕秦永超：《福祉、福利与社会福利的概念内涵及关系辨析》，载《河南社会科学》2015 年第 9 期。

〔3〕同上。

〔4〕早期福利经济学，以古典功利主义为理论基础，将福利阐释为幸福，主张用基数方法对人们的幸福进行简单加总处理。“这种方法认为幸福是评价人类福利和优势的唯一重要的因素，因此也是社会政策和制定公共政策的基础。”参见［印］阿玛蒂亚・森：《正义的理念》，王晶、李航译，中国人民大学出版社 2012 年版，第 255 页。该理论由杰里米・边沁首创，后经约翰・斯图亚特・密尔、弗朗西斯・埃奇沃思、亨利・西季维克、艾尔弗雷德・马歇尔以及庇古等人继承并进一步发展。早期福利经济学与现代福利经济学对福利内涵理解的主要分野在于“福利”是实质性的幸福感受还是纯粹形式化的偏好或效用的序数集合。See Kenneth J. Arrow, *A Difficulty in the Concept of Social Welfare Journal of Political Economy*, 1950, pp. 328 – 346.

把福利解释为主观的幸福、快乐、享受；现代功利主义、现代福利经济学、社会选择理论[1]将福利界定为偏好（preferences）或效用（utility），即将福利视为一种高度形式化的概念，与偏好、效用不作区分，相互替代使用；社会政策学视福利为一种资源的流动或分配方式，强调福利就是美好生活所需要的客观条件；目的论则把福利理解为一种可行能力或基本能力。[2]

上述定义分别从不同侧面描述了福利的性质，但囿于研究视角，均未全面揭示福利的本质属性。本书认为，福利是人们免费或低费获得的能够提升幸福感，并满足特定需求的客观利益。具体而言，可从以下几个方面理解。

第一，本质上，福利是一种利益，[3]具有客观性。“利益，顾名思义就是好处，或者说是潜在的好处”。[4] 这种好处客观上表现为对人的有益性，如基本养老福利对老年人来说就是获得的一种“益”而非“弊”。

---

〔1〕 古典功利主义与现代功利主义的显著差别之一即在于后者将福利由边沁的简单幸福概念转向高度形式化的效用概念，并区分了不同质的效用。现代福利经济学和社会选择理论将这一点进一步深化为如何使个体偏好序汇总成一个社会偏好序，即社会福利函数（social welfare function）。See Kenneth J. Arrow, *A Difficulty in the Concept of Social Welfare Journal of Political Economy*, 1950, pp. 328 – 346.

〔2〕 参见[印]阿玛蒂亚·森：《正义的理念》，王晶、李航译，中国人民大学出版社 2012 年版，第 216 页。阿玛蒂亚·森强调这种“可行能力方法的着眼点在人类生活（本身），而不单单只是在一些容易计算的客体对象，如人们所拥有的收入和商品……正式提出了超越对于生活手段的关注，而转向实际的生活机会的视角，这也有助于改变以手段为导向的评价方法”。转引自高功敬：《国家福利功能的正当性研究》，山东大学哲学与社会发展学院 2014 年博士学位论文，第 6 页。

〔3〕 利益本身是一个较有争议和分歧的概念，不同学者有不同的认识和理解，概括而言，主要有需要说、客体说和关系说三种观点。需要说认为利益就是满足的需要。如凌厚锋教授指出：“利益是主体对于客体作用的价值肯定，即某种客体（物质的和精神的东西）能够满足主体（个人、集体和社会）的某种需要。”客体说又包括三种学说：一种学说认为利益就是好处；另一种学说认为利益就是主体需要的对象；还有一种学说认为利益就是使人快乐、幸福的事物。关系说包括价值说（认为利益是价值的实现或肯定）、占有说（认为利益是社会制度赋予一定的主体对一定对象的占有关系）、主客体统一说（认为利益是主观与客观相统一的东西）和社会关系说（认为利益在本质上属于社会关系的范畴）四种观点。参见董立刚：《利益概念研究述评》，载《福建商业高等专科学校学报》2009 年第 5 期。本文赞同好处说，认为利益就是一种好处。

〔4〕 [印]阿玛蒂亚·森：《正义的理念》，王晶、李航译，中国人民大学出版社 2012 年版，第 255 页。

福利不仅指利益本身，还包括实现利益的条件、措施或保障。如《牛津英汉双解大词典》[1]将福利解释为：第一，幸福、健康和繁荣（happiness, health and prosperity）；第二，通过法律程序或社会捐助维持个人生活，以及对福利事业的财政支持（a. the maintenance of persons in such a condition especially by statutory procedure or social effort; b. financial support given for this purpose）。可见，第一层含义的幸福、健康和繁荣为利益本身的内容；第二层含义中的法律程序、社会捐助、财政支持则为实现利益的措施或保障。

第二，福利具有主观性。"利"表达客观物质利益的获取；"福"表示主观精神的状态和评价，即主体获得客观利益后，心理上是否感到"幸福"与"满足"。安东尼·吉登斯（Anthony Giddens）曾言："福利在本质上不是一个经济学概念，而是一个心理学概念，它关乎个人的幸福。"[2]足见主观性在福利概念中的重要地位。现实生活中，鉴于个体的主观认识、价值观念、实际需求及对理想生活状态的标准存在差异，不同主体即便实得利益相当，主观感受也不可能完全相同。这就决定了每个主体实际获得的福利不会完全等同。

第三，福利具有需求满足性。"当人类免于主要的生活风险时，即安

---

〔1〕《英汉双解剑桥国际英语词典》中，福利（welfare）也有两种解释，一是 physical and mental health and happiness, especially of a person，特别指人的身心健康和幸福；二是 help given, especially by the state or an organization, to people who need it, especially because they do not have enough money，指国家或组织帮助那些因为生活贫困特别需要帮助的人群。第一层含义"人的身心健康和幸福"为利益本身；第二层含义中的"国家或组织的帮助"则为一种实现利益的安排或措施。参见秦永超.：《福祉、福利与社会福利的概念内涵及关系辨析》，载《河南社会科学》2015年第9期。美国《布莱克法律词典》中，福利（welfare）也有两种含义：一是指任何方面的幸福状态，包括健康、安全、和平等方面，比较常见的 general welfare（国内学者对它有不同译法，包括全民福利、公共福利等）、public welfare（公共福利）处于该含义下；二是指给经济上需要帮助的人提供的社会保险体系（A system of social insurance），如给他们提供食品券和家庭补助，在历史上也被称为济贫。第一层含义"幸福状态"表示的是利益本身；第二层含义"提供社会保险"表示的则是一种实现利益的措施或安排。参见罗英：《美国法中的福利概念研究——从福利行政概念的误解说起》，载《华南理工大学学报》（社会科学版）2011年第6期。

〔2〕高功敬：《国家福利功能的正当性研究》，山东大学哲学与社会发展学院2014年博士学位论文，第6页。

全、营养、健康、居住、收入的基本需求得以满足,社会福利就出现了。"[1]的确,满足受益对象的物质或精神需求是福利的出发点和立足点。人类对幸福美好生活的向往和追求是福利产生的最初动因。一个人的需要得到了满足,其幸福感和满意度就会提升,就会处于福利状态,尽管这种状态具有较强的主观性。福利直接或间接地回应着人类的需要,以满足人们的生存或生活欲望,使人类的生活达到幸福、美好、和谐的状态。

第四,福利的获取具有免费或低费性。福利是一种无须等价交换即可免费或低成本获得的利益。从受益对象的角度来看,其获取利益无须支付对价,而是凭借特定的资格或身份免费或低成本取得。这是福利区别于一般利益的关键所在。

总之,福利是一个具有主观与客观性、需求满足性、获取的免费或低费性的利益形态。其中,主观与客观双重性是福利属性的核心,这个核心又以客观性为基础,主要表现为:福利的客观状态是其获得主观幸福的基石;福利的主观感受又反过来影响着对客观供给的评价和认可,二者相辅相成,有机联系。恰如马歇尔(Marshall)所言:"福利与对状况良好、幸福的体验和良好状况的形成条件有着复杂的联系。说一个人活得好,是指他实际生活得好并且感觉也好(doing well and feeling well)。"[2]

实践中,福利(welfare)与福祉(wellbeing)总是被同义替换使用。词源学上,两者都有"良好"之义,但内容上,各自的关注点和侧重点还是略有不同。按照《说文解字》的解释:福,佑也;祉,福也,延伸为福气。福祉意为人的幸福美好生活,其"本质就是人类满足需要后获得的幸福,个人因能实现自己的价值而获得的快乐"。[3] 它更倾向于状态的描述,指人

[1] 孔爱国、邵平:《利益的内涵:关系与度量》,载《复旦学报》(社会科学版) 2007 年第 4 期。

[2] [英]安东尼·吉登斯:《第三条道路——社会民主主义的复兴》,郑戈译,北京大学出版社 2000 年版,第 121 页。

[3] Midgley, J, Tracy, M. B. & Livermore, M (ed), *Handbookofso-cialpoliey*, California, Sage publications, 2000, p. 20.

们达到的良好生活状态。而福利不仅指一种利益、好处,还包括实现这种利益、好处的条件和措施。哈特利·迪安(Hartley Dean)这样描述福祉与福利的区别,"福祉在最广泛的意义上是指人们的良好生活状态,主要关切的是'人们活得好不好'(how well people are),而福利主要被理解为达到某种福利目标所做出的各种行动和安排,主要关切的是'做得好不好'(how well they do)"。[1]

正因为福利不是简单的状态描述,而是关注"做的好不好,即达到福利目标所做出的各种行动和安排",与本书借助一定的行动和安排(法律制度)实现生态福利平等、公平分享的主旨更为符合。因此,本书的中心词界定为生态福利,而非生态福祉。

(三)生态福利

1. 生态福利的含义

生态福利,是生态和福利两个概念的合成。如果仅从字面上理解,它可以定义为以生态利益(此概念将在下一问题"生态福利与相关概念的比较"中详细分析)为内容的福利。但是这样一个定义仅仅简单地解释了生态福利是什么,并没有回答生态利益为何可以成为福利。因此,需要进一步论证。

(1)生态环境能够产出利益。生态系统是生态环境的基本构成单位。大大小小的生态系统无时无刻不在生产者、消费者、分解者和非生物环境之间进行着物质循环和能量流动。在此过程中,产生了丰富的动物、植物、微生物等资源。这些资源就是生态环境向人类提供的、客观存在的利益。

(2)高品质生态环境产出的利益能够满足人类的物质和精神需求。由生态环境产出的自然环境要素,不仅为人类提供重要的生产和生活资料,满足人类生存与发展的物质需求,而且还通过强大且形式多样的生态

[1] T. H. Marshall, *Social police in the Twentieth Century*, London, Hutchinson, 1985, p. 12.

服务功能,[1]如调节功能、美学功能等为人类供给精神养料,满足人们的情感需求。例如,冷暖适宜的气候、清新的空气、秀丽的河流山川、大自然的奇珍异草都会带给人们美的享受和精神上的愉悦,帮助人们舒缓压力、调适心情,获得情感上的慰藉。

可见,高品质生态环境能够为人类提供物质或精神利益,满足其特定需求,从而成为受益对象获取的福利内容。同时,生态福利作为一种普及性的福利,其享有者为全体社会成员,相应地,决定了其提供者是政府和社会。据此,我们可以把生态福利的概念界定为:政府和社会向全体社会成员免费或低费供给高品质生态环境的福利形态。通俗而言,生态福利就是政府和社会将高品质生态环境作为一种福利提供给全体社会成员。

2. 生态福利的性质

生态福利属于发展型福利。以层次的不同为依据,可将福利划分为生存型福利和发展型福利。所谓生存型福利是指以满足社会成员衣、食、住、行等基本生存需要为宗旨的资源救助与服务保障,如失业救济、最低生活保障;所谓发展型福利,是指为满足社会成员提升自身素质、谋求个人发展需要的资源保障与服务支持,如文化福利、教育福利、就业指导福利等。生态福利属于后者,它是人类在生存保障基础上,为谋求生活品质的进一步提升和发展而形成的福利形态。

生态福利属于服务型福利。以形式的不同为标准,可将福利划分为资源型福利和服务型福利。所谓资源型福利,是指以资金或实物形式为社会成员提供的援助或经济保障,如最低生活保障、现金补助、医疗保险、住房保障等;所谓服务型福利,是指以服务方式为社会成员提供的救助和帮助,如保健服务、康复服务、照护服务等。生态福利是供给主体以生态服务方式提供的福利样态,不同于资金、实物等资源型福利。

---

[1] 所谓生态服务功能,指人类及其社会系统直接或间接从生态系统或生态过程中得到利益的服务功能。参见王振波、于杰、刘晓雯:《生态系统服务功能与生态补偿关系的研究》,载《中国人口·资源与环境》2009年第6期。

3. 生态福利与相关概念的比较

理论与实践中,生态福利概念很容易与其他概念相混淆,如生态福利与社会福利,生态福利与生态利益等。厘清与这些概念之间的关系,可以使我们更好地理解生态福利的内涵。

(1)生态福利与社会福利。近现代社会福利的产生与慈善济贫活动密不可分。工业革命之前的欧洲家庭,尤其是教会对孤儿、残障人士、穷人的帮助是最初形式的慈善救助,被视为社会福利的萌芽。16 世纪以后,出于资本主义大生产的需要,英国爆发了史无前例的圈地运动。大批农民失去土地、流离失所,纷纷涌入城市,引发了抢劫、卖淫、贫困、疾病等一系列社会问题。在此情形下,传统的民间慈善救助已无法应对激烈的社会冲突,迫切需要国家力量的介入。1601 年英国女王伊丽莎白一世(Elizabeth Ⅰ)颁布《伊丽莎白济贫法》,由国家对圈地运动中失去家园的贫民实施救助,由此打开了社会福利的大门。何为社会福利？理论上,社会福利是“以政府及社会为主体,以全体社会成员为对象,以制度化与专业性为基本保证,以保障性与服务性为主要特征,以社会支持网络为主要构架,以物质资助和公共服务为主要内容,以解决社会问题为目的,旨在不断完善和提升公民和居民的物质与精神需求,提高社会生活质量的社会政策和社会制度”,[1]“其目的在于帮助人们在其社会环境中更有效地发挥作用,即满足人们的基本生存需要(充足的营养、食品、衣服、房屋、医疗保险、清洁的水和空气);满足人们必须的心理的精神的社会交往需要;为使人们参与经济建设而提供充分的教育,提供咨询以认识并处理个人所遇到的困难,提供就业门路和其他社会活动”。[2] 可见,社会福利以“福利”为内核,以“社会”为外延。作为社会政策和社会制度,社会福利要求人们立足社会层面考虑如何使包括个体在内的整个社会群体过上

---

〔1〕 周沛、李静、梁德友:《现代社会福利》,中国劳动社会保障出版社 2014 年版,第 5 页。

〔2〕 [美]威廉姆·H. 怀特科:《当今世界的社会福利》,解俊杰译,法律出版社 2003 年版,第 29 页。

"幸福生活"。

生态福利与社会福利既有联系又有区别。就联系而言,主要表现在:第一,两者的目标都是改善社会成员的生活水平,提高生活质量,追求一种良好的生存状态。第二,两者的受益对象都是全体社会成员。无论是社会福利还是生态福利都是包括个体福利,又超越个体福利的范畴,强调使整个社会群体都过上"好生活"。第三,两者的供给主体都是政府和社会。社会学意义上的社会福利与生态福利不仅注重政府的福利供给职能,而且还强调志愿机构、社会团体和组织等的广泛介入和积极参与。第四,生态福利是社会福利发展到一定阶段的产物。社会福利是一个动态概念,其内涵和外延会随着社会的发展而不断变化。工业革命之前,社会福利主要表现为教会提供的慈善济贫服务;工业革命之后,经济大萧条,社会福利逐渐发展为一种社会化运动,致力于为社会成员提供最基本的生存救助和保障;近现代社会,环境问题频发,生态危机肆虐,已经严重威胁到人类的生存与发展。在此背景下,社会福利的外延开始向环境保护领域延伸,生态福利成为社会福利的新增类目。

尽管如此,生态福利与社会福利仍然是两个概念,它们之间存在差异,主要表现在:第一,两者的内容不同。社会福利的内容更加宽泛,涵盖了经济福利、政治福利、文化福利等社会生活的方方面面,既注重对人们基本生活的保障,又强调生活质量的提高;不仅关注社会成员物质上的获取,而且重视其精神上的享受。生态福利的内容则更为微观、具体,范围仅限于环境保护领域,以将高品质生态环境作为一种福利提供给社会成员为目的,"最终体现为满足人们对良好环境质量需求的精神利益"。[1]也就是说生态福利主要满足人们的精神和情感需求,人们从山清水秀的自然美景、宜居的生活空间获取精神怡悦与享受是取得生态福利的基本方式。概言之,社会福利包含了生态福利的内容,生态福利属于社会福利

[1] 史玉成:《生态利益衡平:原理、进路与展开》,载《政法论坛》2014 年第 3 期。

的一部分。第二,两者的供给方式不同。社会福利通过实物、货币、服务相结合的方式向社会成员提供物质、精神保障,生态福利则是以生态服务的方式向社会成员供给精神利益。

(2)生态福利与生态利益。环境法领域,生态利益似乎已被作为一个成熟概念直接使用。而事实上,学术界对生态利益的概念尚未达成共识,归纳而言,主要有以下几种学说:一是条件说。叶平教授认为:"生态利益指生物的生存或繁茂必须满足的那些物质和生态条件。"[1]二是生物利益说。王莉博士认为:"生态利益为生物的持续生存及其与环境和谐共处的利益。"[2]三是价值说。廖华认为:"生态利益指生态环境作为人类生存系统对人类持续发展和永续繁衍的价值。"[3]四是非物质利益说。邓禾教授认为:"生态利益指人类对生态系统所享有的非物质性利益,即生态系统对人类非物质性需求的满足。"[4]本书赞同非物质利益说的观点。从语义上考察,生态利益的中心词为"利益",条件说、价值说都没有对这一中心词进行恰当的诠释。而生物利益说的外延则过于宽泛。按照该学说的观点,生态利益是生物的持续生存及其与环境和谐共处的利益,应当既包括物质性利益,也包括非物质性利益。但生态利益是基于生态危机的冲击,良好生态环境资源的稀缺以及人类需求层次的提升,逐步被人类所重视的那部分非物质利益,并非泛指人类从生态系统获得的所有惠益。它主要包括环境安全利益、享受优美景观的利益等,具有公共性、非物质性、系统性等特征。

生态福利与生态利益同样是一对既有联系,又有区别的概念。就关联性而言,主要表现在:第一,两者都具有非物质性、公共性等特性。生态

---

〔1〕 叶平:《环境的哲学与伦理学》,中国社会科学出版社2006年版,第124页。

〔2〕 王莉:《反思与重构:生态利益损害的侵权法救济机制》,载《重庆大学学报》(社会科学版)2009年第6期。

〔3〕 廖华:《从环境法整体思维看环境利益的刑法保护》,中国社会科学出版社2010年版,第138页。

〔4〕 邓禾、韩卫平:《法学利益谱系中生态利益的识别与定位》,载《法学评论》2013年第5期。

福利和生态利益都是随着物质生活的不断富足,人类需求向更高层次的精神领域拓展的产物,都彰显和体现了生态系统的非物质性服务功能。二者同为不特定主体所享有的非排他性和非竞争性利益,均属于公共利益的一部分。第二,两者的受益主体都是全体社会成员。本质而言,福利就是一种“利益”。所谓利益即客体对主体需要的满足。无论是生态福利还是生态利益,其受益主体都是人类整体。因为利益为人类所特有,只有人类的利益才需要法律调整,才能由法律调整。第三,生态利益是生态福利的供给对象。生态福利是政府和社会向全体社会成员免费或低费供给高品质生态环境的福利形态。从福利受体的角度来看,社会公众自蓝天白云、青山绿水、鸟语花香等高品质环境中获取的精神享受和情感满足就是一种非物质性利益,这种利益不同于物质性生态产品,不能直接从生态系统中获得,必须结合人的思维和感知方可发挥效用,属于典型的生态利益。换言之,生态福利的供给对象本质上就是高品质生态环境衍生或承载的美学的、文化的、非物质性的生态利益。

生态福利与生态利益作为两个概念,也具有各自不同的特征,主要表现在:第一,生态福利是动态概念,生态利益则是静态概念。生态福利强调福利供体供给行为、义务和职责的履行,社会公众获得高品质生态环境这一福利是政府和社会免费或低费供给、分配的结果;生态利益则是生态系统客观具有的非物质性利益,其内容受制于生态系统服务功能。生态系统除了具有向人类供给水、动物、植物等物质性生态产品的功能外,还具有净化空气、调节气候等无形调节服务功能以及提供美学享受、文化与宗教等精神性服务的功能。生态利益正是生态系统调节服务功能和精神性服务功能的客观体现。第二,生态福利更加强调福利受体获取生态利益的免费或低费性。广大社会公众自高品质生态环境中取得生态利益,享受生态福利无须支付对价或仅需支付较低成本,这是由福利的本质属性决定的。

4. 生态福利与相关理念的界分

生态福利体现了一种发展理念,它既是一种福利发展观,更是一种环境保护观。因此,对生态福利的研究,必然会涉及它与可持续发展、环境保护、生态文明建设等理念之间的关系,甄别它们之间的关系,有助于我们深入理解生态福利的概念。

(1)生态福利与可持续发展理念。可持续发展理念是人类对传统发展模式深刻反思和反复探索的产物。1987 年世界环境与发展委员会(World Commission on Environment and Development, WCED)在其报告《我们共同的未来》中,对可持续发展做出了界定:"既能满足当代人的需要,又不对后代人满足其需要的能力构成危害的发展。"[1] 此后,这一概念被广泛援引和使用,并得到了进一步丰富与完善。可持续发展为解决当今人类社会面临的环境污染、资源匮乏、人口膨胀等诸多现实问题有针对性地提出了一系列解决方案。它以人的整体和长远利益为导向,既注重人类生存与发展的可持续性,又强调人类社会可持续基础上的发展,力争实现人与自然协调统一,发展与环境和谐持续的目标成为世界各国环境保护的重要纲领。可持续发展内含平等、公平,人与自然和谐统一的理念。它主张生态环境、资源有限,生态系统的容纳、更新和调节能力亦有限。如果不加约束,恣意开发、利用资源,破坏环境,不仅影响当代人的发展,而且会撼动子孙后代的生存根基。因此,应当兼顾当代人和后代人的利益和需求,将人类作为一个类属的存留问题视为全人类共同的价值取向。人类要将自己融入整个生态系统,树立与自然和谐共处,互利共生的思想,珍视生态环境的作用,顺应自然规律和社会规律,维护人与自然的和谐,最终实现人类社会全面发展的目标。

生态福利符合可持续发展理念的要求。生态福利是社会福利发展的系统性革新,也是生态危机背景下,提升人类福利水平的新动力。工业革

---

[1] 世界环境与发展委员会:《我们共同的未来》,王之佳、柯金良等译,吉林人民出版社 1997 年版,第 52 页。

命以来，环境问题频发，生态危机日趋严重，人们对享受优美、舒适的环境产生了普遍需求，发展以生态可持续和社会正义为目标的生态福利已经成为全球性共识。生态福利的实质是高品质环境在社会成员间的平等、公平分享，其核心是制度创新和人类生产生活方式的根本性转变，主要特征是公众获取高品质环境的免费或低费性，终极价值追求是实现人与自然关系的和谐、可持续。发展生态福利意味着积极保护资源的多样性，维护和改善生态环境质量，抑制对资源、环境及其衍生利益的过度开发、使用及破坏行为，将福利惠及每位社会成员，致力于保障每一代在享有资源多样性和高品质生态环境方面拥有平等机会。可见，生态福利本身反映了可持续发展整体有机的思维模式，符合可持续发展的基本精神和客观要求。发展生态福利是践行可持续发展理念的重要途径和必然选择。

(2)生态福利与环境保护理念。环境是人类生存的基本条件，是开展生产、发展经济的物质源泉。人类源之于环境，取之于环境，以环境为生存根基。然而随着生产力的发展，人口的膨胀，科技的发达，生产、生活中排放的废弃物日益增多，环境破坏加剧，自然灾害、环境污染事故频发，资源锐减、土地沙漠化和盐碱化日趋严重，环境质量降低，生态系统破坏严重。环境保护便是研究和防止因人类行为导致的生态环境恶化，控制、治理和消除环境污染和生态破坏，并着力保护环境、改善环境和美化环境的行为。其基本目标是运用环境科学和社会科学的理论和方法，深入挖掘环境污染和生态破坏的根源，防治污染和其他公害，抑制环境质量的进一步恶化，有计划地保护环境，提升人类生活质量，促进人与环境和谐、可持续发展。

履行环境保护职责是人类享受生态福利的基本前提。生态福利要求政府和社会将高品质生态环境作为一种福利免费或低费提供给全体社会成员。唯有积极治理环境污染，有效解决环境问题，大力开展环境保护，才能提升环境品质，进而为社会公众享受生态福利提供可能。解决环境问题、改善环境质量需要依靠政府的力量。政府必须介入环境保护中来，担当决策者、管理者和监督者的角色。环境保护的主要方式是通过强化政府的环境治理责任,抑制或减少因管理不善带来的环境污染和破坏。通过实行地方各级政府环境保护目标责任制,健全各级政府环境保护机构和监测网络,完善环境保护法律法规体系,实行环境质量定量考核等方式,来加强政府环境保护和治理。当然社会团体、企业甚至个人也是环境保护的重要力量,应当通过设置长效激励和参与机制,鼓励公众积极进行环境保护建设。只有借助社会整体力量保护环境,将环境质量提升至一定的水平和层次,政府才可能将高品质环境作为生态福利的客体向社会公众供给和分配。从这个意义上说,践行生态环境保护理念,履行生态环境保护职责是社会公众享受生态福利的必要条件。

(3)生态福利与生态文明建设理念。党的十八大报告首次提出生态文明建设理念,指出“建设生态文明,是关系人民福祉、关乎民族未来的长远大计……必须树立尊重自然、顺应自然、保护自然的生态文明理念,把生态文明建设放在突出地位,融入经济建设、政治建设、文化建设、社会建设各方面和全过程”。2013 年《中共中央关于全面深化改革若干重大问题的决定》要求“建设生态文明,必须建立系统完整的生态文明制度体系……用制度保护生态环境”。2015 年《国务院关于加快推进生态文明建设的意见》进一步丰富了生态文明的内涵,明确了生态文明建设的总体要求、基本原则和主要目标,强调建设生态文明必须“坚持把节约优先、保护优先、自然恢复为主作为基本方针”。同年,国务院又印发了《生态文明体制改革总体方案》提出生态文明体制改革应“以建设美丽中国为目标,以正确处理人与自然关系为核心”,并细化了生态文明建设的具体步骤。从这些文件可以看出:“尊重自然、顺应自然、保护自然”是我国生态文明建设应当一以贯之的重要理念;“节约优先、保护优先、自然恢复为主”是生态文明建设的基本方针;“建立系统完整的生态文明制度体系,用制度保护生态环境”是生态文明建设的基本径路;“建设美丽中国,实现中华民族永续发展”是生态文明建设的终极目标。

生态福利反映了生态文明建设理念。生态福利的内涵本身就强调在生态文明建设理念下,通过政府供给、分配高品质生态环境的行为,既保护好环境资源,又注重人的精神需求的满足,同时增进社会整体福利水平,实现人与自然的良性互动和协调发展。生态福利的着眼点体现在以下几个方面:第一,保护好"环境资源"。加强环境保护是提高生态福利供给、分配质量和效率的基本要求。高品质的环境是生态福利的源头活水。生态福利的实现需要大量有形的物质性生态产品如植物、动物、洁净的水等作为支撑,这些产品通过自然或人工排列组合形成的整体景观效益即为生态福利的客体,人们从中陶冶性情、愉悦心情,获取精神享受。因此,只有首先保护好环境资源,人类才有享受生态福利的可能。第二,保护好"人"。生态福利始终坚持以人为本的理念,强调把人的利益作为价值原点和制度建设的依据,认为只有"人"才是价值判断的主体,注重满足人的非物质性需求,主张福利发展应当是为了大多数人的利益,而不是少数人的利益。第三,生态福利的最终目标是实现"人"与"环境"的协调、可持续发展。人类要生存和发展,就必然对周围环境产生影响。如何在发展中最大限度地减少人类行为对环境的负面影响,将其控制在生态环境可承载的范围之内是发展生态福利必须要考虑的问题。兼顾人类发展和环境保护是人类共同的价值追求。生态福利建设正是实现这一目标的有效方式,它以提升人们整体福利水平为目标,以环境保护为立足点,通过观念转变、制度创新和技术创新,实现人类发展和环境保护的双赢。从这个意义上说,生态福利既关注了福利发展,又考虑了环境代价,是人与环境协调一致、可持续的福利发展模式。

5. 生态福利的分类

依据不同标准,可对生态福利进行不同的类别划分:以空间范围的不同为依据,可将生态福利划分为全球生态福利和区域生态福利。全球生态福利是放眼整个地球、以人类整体利益为核心的福利形式。区域生态福利是在特定区域范围内,以该区域的民众为主要服务对象的福利形态,其在区域内有广泛的波及力和影响力。全球生态福利与区域生态福利是整体和部分的关系,两者紧密相关,不可分割。其中,区域生态福利又可进一步划分为国家生态福利、城市生态福利、农村生态福利等。以供给主体的不同为依据,可将生态福利划分为国家供给型生态福利和社会供给型生态福利。国家供给型生态福利是以国家为供给主体的福利形式;社会供给型生态福利是以社会组织、团体、企业等为供给主体的福利形态。此外,依时间维度的不同,生态福利还可以被界分为当前生态福利和未来生态福利等。

二、生态福利权的意涵

与社会学重点关注生态福利的自然属性不同,法学主要研究生态福利的法律定位。既然生态福利本质上是一种福利,一种利益,那么这种利益是否应当纳入法律的调整范围?如果是,它在法律上又该如何定性?

第一,生态福利应当纳入法律的调整范围。"生态福利之所以进入法学视野,是因为它在不同历史时期都体现了当时的社会关系,现阶段,这种社会关系需要上升到法的层次来调整。"[1]

在生产力水平低下的社会,人类干预和改造自然的能力有限。在那种情形下,人类的生存是首要的,迫切需要充足的食物来源和挡风遮雨、躲避野兽的场所,生态福利与其而言没有太大的实际意义,不足以纳入法律的调整范围。

伴随社会的发展和生产力水平的提高,人类活动对自然的影响越来越大。尤其是工业革命以后,为满足自身持续增长的物质需要,人们疯狂地向环境资源索取能量,以扩大生产。然而环境的自净能力和资源的数量在特定时期是有限和相对确定的。一方面,生态环境因人类的不当开发和过度利用不断遭到破坏,大气污染、海洋退化、土地沙漠化、盐碱化等

---

〔1〕 邓扶平、焦念念:《生态福利的法学蕴涵及其学理证成》,载《重庆大学学报》(社会科学版)2014 年第 1 期。

环境问题层出不穷;另一方面,经济发展水平的提升使大部分居民卸下了温饱负担,人们对生存环境质量的要求越来越高,对生态利福利的需求程度逐步加深,生态福利供需矛盾日益突出。可以说,对生态福利进行保护已经迫在眉睫。基于"客观"与"需要"[1]两大法律对利益的选择标准,生态福利应当纳入法律的调整范围。

第二,社会成员获取生态福利应当成为法律上的一种权利,即生态福利权。[2] 法律上,权利从来就是一个复杂且充满争议的概念。"权利这个词在不同的背景中有不同的含义",[3]包括"资格说""主张说""自由说""利益说""法力说"等。在此,本书并不意图解决权利的定义问题,而是分析作为一项权利应该具备哪些要素以及生态福利权是否具有这些要素。

关于权利构成要素的问题,学界也有不同观点。如范进学教授认为,权利的构成要素只有正当;[4]北岳先生认为,"权利的基本构成要素只有

---

[1] 客观与需要是法律对利益进行选择的两大标准:所谓客观,指利益是客观存在的,不以人的主观意志为转移;所谓需要,指统治阶级对该利益有共同而迫切的需求。参见孙国华、黄金华:《论法律上的利益选择》,载《法律科学》1995年第4期。生态福利的客观性已在前文论及。我国是社会主义国家,人民是国家的主人。现阶段,生态福利已成为普遍的社会需求,满足了需要的标准。因此,应将生态福利纳入法律的调整范围。

[2] 从语义学上考察,生态福利权源于福利权概念。福利权指处于贫困状态的公民为满足最基本的生活需要而要求国家提供福利援助的请求权。它主要包括福利给付请求权和合理福利份额请求权两部分内容。20世纪六七十年代,在社会权利运动和法院涉及福利案件判决的推动下,法学家们开始关注福利权问题并通过对涉及福利案件的分析发展出了福利权理论。福利权理论的确立,是由弗兰克·麦克尔曼(Frank Michelman)等学者逐步完成的。之后,卡尔·维尔曼(Carl Wellman)在1983年出版的《福利权》一书中对福利权进行了更为深入的论证,将福利权理论体系化,大大推动了福利权理论的发展。在该理论的支持者们看来,福利权实际上是一系列被法院的判决所肯定的贫困者针对立法或行政机关享有的获得教育、住房、食物以及医疗等利益或获得满足这些利益的金钱的权利。可见,最初意义上的福利权是指贫困者基于需要而享有的获得国家福利给付,以维持生存的权利。与此相应,国家作为义务主体应当履行相应的福利给付义务。参见陈国刚:《福利权研究》,中国民主法制出版社2009年版,第35~40页、第60~62页。伴随生产力的发展和人民生活水平的提高,福利权的外延也不断拓展,由最初仅保障特殊群体的生存权向保障全体社会成员的发展权层面延伸,生态福利权正是福利权不断演变、发展的产物。

[3] [美]罗纳德·德沃金:《认真对待权利》,信春鹰等译,中国大百科全书出版社1998年版,第249页。

[4] 参见范进学:《权利政治论——一种宪政民主理论的阐释》,山东人民出版社2003年版,第20页。

两个：一是利益，二是正当、应得”。[1]程燎原教授、王人博教授认为：“权利实质上就是意志、利益和行为的有机组合体。”[2]夏勇先生主张权利由五要素构成，即利益、主张、资格、权能（包括权威和能力）和自由。[3] 本书采用的是作为通说的汪太贤教授对权利要素的界定，即权利包括利益、资格、行为自由和法律认可四个要素。[4]

首先，利益（interest）。利益是权利要素的核心和灵魂。“任何一项权利的背后都隐藏着权利主体的利益追求。”[5]离开了利益，权利也就失去了价值。利益既可能是物质的，也可能是精神的；既可能是显性的，也可能是隐形的；既可能是实得的，也可能是期待的。

其次，资格（entitlement）。资格是获得权利的依据。享有权利必须以具备特定资格为前提。权利体系中，并非所有资格都是平等设置的。享受宪法中规定的人之为人所应当享有的权利，即基本权利的资格人人平等。但有些权利，如选举权、被选举权，只有特定的人才有资格享有。因此，人们是否享受权利，享受何种权利，都依权利资格而定。丧失了资格，也就丧失了进一步行为及获取特定利益的可能性。

再次，行为自由（freedom of behavior）。行为自由是权利主体对行为的自由选择，是实现权利中内涵利益的方式和途径。事实上，这个要素还隐含着主体要素。因为行为一定是由特定主体实施的，没有主体，根本谈不上行为。自由行为历来被视为权利的基本要素，它具体表现为主体按照自己的意志作为或不作为，并不受外来干涉或强迫。正像德沃金（Ronald M. Dworkin）所言，“在大多数情况下，当我们说某人有权利做某件事的时候，我们的含义是，倘若别人干预他做这件事，那么这种干预是

---

〔1〕 北岳：《关于义务与权利的随想》（上），载《法学》1994年第8期。

〔2〕 程燎原、王人博：《赢得神圣——权利及其救济通论》，山东人民出版社1998年版，第22页。

〔3〕 参见夏勇：《人权概念起源》，中国政法大学出版社1992年版，第44页。

〔4〕 参见汪太贤：《论法律权利的构造》，载《政治与法律》1999年第5期。

〔5〕 汪太贤：《论法律权利的构造》，载《政治与法律》1999年第5期。

错误的,或者至少表明,为了证明干涉的合理性,你必须提出一些特别的理由"。[1]

最后,法律认可(legal recognition)。如果说利益、资格和行为自由是权利构成的内部要素,法律认可则是权利构成的外部要素,它是权利的保障性因素,是法律权利区别于非法律权利的重要特征。所谓法律认可是指任何一项权利必须经过法律确认。这种确认既可以是直接确认,即由法律规范明确规定;也可以是间接确认,即法律规范没有直接规定,而是对相应的行为或事实持肯定态度,并予以积极保护。

综上所述,一项权利的成立并存在,必须具备利益、资格、行为自由和法律认可四个要素,缺一不可。因此,判断生态福利权能否成立,就看它是否具备这四个要素。

(一)生态福利权的概念

生态福利权是生态福利纳入法律调整而形成的概念,是针对生态福利而享有的权利,详言之,指不特定多数人为提高生活质量,要求政府免费或低费供给高品质生态环境的权利。

1. 生态福利权的主体要素

一项权利的成立并存在,必须有明确的权利人和义务人,也即权利的享有者和义务的承担者。生态福利权的权利人为不特定多数人,义务人是政府。

(1)生态福利权的权利主体为不特定多数人。不特定多数人"指处于动态变化的、非固定的多数人,简称公众"。[2] 其外延包括全体社会成员,而不限于一国公民。所谓公民指具有一国国籍的自然人。他们当然是享受一国生态福利的主要主体。但外国人或无国籍人,也有享受生态福利的权利。原因在于,高品质生态环境是全人类的共同财富,享受生态

[1] [美]罗纳德·德沃金:《认真对待权利》,信春鹰等译,中国大百科全书出版社 1998 年版,第 249 页。

[2] 蔡守秋:《论公众共用物的法律保护》,载《河北法学》2012 年第 4 期。

福利不应因国籍而差别对待。所以,外国人或无国籍人也应像普通公民一样享有相应的请求权及救济权。此外,生态福利权的主体一定是自然人,不包括法人或其他组织。福利是一种具有主观性的利益形态。没有生命的法人或其他组织无法进行主观感知,获得幸福感,因而,不能成为生态福利权的主体。特别需要说明的是,不特定多数人只是表明权利主体处于动态变化中,不固定,但不等于不能明确。倘若具体到某一特定时间、某一特定生态区域,权利主体就是固定、确定的。

(2)生态福利权的义务主体是政府。与一般意义上生态福利供给主体的多元化不同,法律上,生态福利权的义务主体专指政府。一国之内,高品质生态环境的供给,并非仅仅通过政府进行,很多组织甚至个人也为保护资源、改善环境做出了卓越贡献。如世界自然保护联盟、绿色和平组织始终致力于保护地球、环境、各种生物的安全及可持续发展,在维护生态环境的健康方面发挥着重要而不可替代的作用。但是,作为一项法律权利的生态福利权,其义务承担者只能是政府,包括中央政府和地方政府。其他组织和个人对高品质生态环境的供给,仅仅是出于慈善救济、互助精神、利他主义或人文关怀,属于基于社会道德的福利援助。社会成员不享有要求某组织或个人向其提供高品质生态环境的权利,社会组织或个人也不负有向社会成员供给高品质生态环境的义务。但是,如果法律承认社会成员的生态福利权,那么,社会成员就有权向政府主张权利,要求其提供高品质生态环境。由于权利与义务具有法学上的逻辑相关性,即"没有无义务的权利,也没有无权利的义务",[1]"一个人以一定方式行为的权利,便是另一个人对这个人以一定方式行为的义务"。[2] 因此,与社会成员的权利相对应,政府负有向其供给、分配生态福利的义务。

---

〔1〕 中共中央马克思恩格斯列宁斯大林著作编译局:《马克思恩格斯选集》(第 2 卷),人民出版社 1972 年版,第 137 页。

〔2〕 [奥]凯尔森:《法与国家的一般理论》,沈宗灵译,中国大百科全书出版社 1996 年版,第 87 页。

2. 生态福利权的资格要素

生态福利权的享有必须具备一定的资格条件,这个条件就是具有社会成员的身份。也就是说,只要拥有社会成员的资格或身份,即可享有生态福利权。这是由生态环境的公共产品属性决定的(这一点将在第二章"生态福利法律制度的理论基础"部分进行详细论证)。作为公共产品,生态环境由全体社会成员共有,是公共利益的载体。它具有非排他性和非竞争性,对它的消费只能在保持其完整性的前提下,由诸多消费者共同进行,而不可能对其分割消费。这就意味着,人们享受的生态福利具有非独占性。这种福利"绝不会返还给任何个人或少数人,而是返还给整个社会"。[1] 那么,每位社会成员享受生态福利的权利就应当是平等的,不应因年龄、性别、国籍、宗教信仰、受教育程度等个体差异而被差别对待。倘若立足代际这一宏大场域,不仅当代人享受生态福利的权利平等,后代人也有享受与前代人相同,至少是水平不下降的生态福利的同等权利。从这个意义上说,只要拥有社会成员的资格或身份,即可享有生态福利权的命题是成立的。

3. 客体(利益)要素

客体指权利、义务指向的对象。生态福利权的客体是高品质生态环境。这的确是一个内容宽大的概念,似乎模糊而不易明确。本书认为,理解这一概念,可从以下两个方面进行:

(1)从状态上说,生态环境是良好的、高品质的。政府向社会公众供给的一定是品质优良的生态环境,是公益产品,而非公害产品。关于高品质的评判标准将在生态福利权与环境权的关系部分进行分析与论证。

(2)高品质生态环境是一个整体概念,主要强调环境的生态价值(如文化的、审美的、娱乐的价值)和精神利益。洁净、优美的环境给人以舒适、愉悦的精神体验,"它培养着人的精神气质,激发着人的创造性想象,

---

〔1〕 胡鞍钢、王绍光:《政府与市场》,中国计划出版社2000年版,第64页。

完善着人的道德情操，培育着人的理想人格，构成了人的精神的无机界，是人的文化价值的来源和发展的动力”。[1] 正如马克思（Karl Heinrich Marx）所言，“植物、动物、石头、空气、光等等，部分地作为自然科学的对象，部分地作为艺术的对象，都是人的意识的一部分，都是人的精神的无机自然界，是人为了能够宴乐和消化而必须事先准备好的精神食粮”。[2] 社会成员获取的生态福利正是这种在生态系统良性循环、能量顺畅流动基础上形成的蕴含着美学、文化、休闲等主观价值的非物质利益。当然，这种环境生态价值的形成离不开各种物质性环境要素，即各种天然环境要素，如水、森林、河流、野生动物等以及人工环境要素，如公园、人工湖泊等。物质性环境要素是环境生态价值产生的基础和保障。但前者只是后者的载体，而不是后者本身。生态福利供给的高品质环境是各种物质性环境要素共同组成的，能带给人舒适、美好感受的集合体。具体表现为清新的空气、洁净的水、丰富的动植物资源、优美的景观等。

4. 社会成员有行动自由

虽然只要拥有社会成员的资格或身份，即可享有生态福利权，但究竟行使不行使这项权利，还是由权利主体自行选择。如政府建设国家公园免费向公众开放，公众既可选择前去观赏，也可选择不去游玩。

5. 法律认可要素

尽管生态福利权没有被法律直接、明确规定，但事实上，人们享受高品质环境的权利已经得到了法律的间接认可和保护。如美国《宾夕法尼亚州宪法》第1条第27款规定：“人民有权享有清洁的空气、纯净的水并有权要求保护环境的自然、景貌、历史与人文价值。”[3] 其中，虽然没有明确使用生态福利权的概念，但人们享受具有自然、景貌、历史与人文价值

---

〔1〕 方世南：《环境哲学视域内的生态价值与人类的价值取向》，载《自然辩证法研究》2002年第8期。

〔2〕 [德]马克思：《1844年经济学——哲学手稿》，刘丕坤译，人民出版社1979年版，第49页。

〔3〕 See Constitution of the Commonwealth of Pennsylvania, Article 1, 1971. p. 27.

等高品质环境的权利本质上就是生态福利权。

上述可见,生态福利权具备利益(客体要件)、资格、行为自由和法律认可四个权利成立的要素,可以成立。

(二)生态福利权与环境权的关系

生态福利权是环境权的高级样态和具象化表达。环境权是当代环境法学研究极其重要而又备受争议的概念。自蔡守秋教授在《中国社会科学》(1982 年第 3 期)发表《环境权初探》一文之后,有关环境权的论争就从未停歇。截至目前,仍有一些学者对这一概念及其存在价值持怀疑甚至否定态度。他们认为,社会成员享受良好的生态环境只是一种环境保护的政策或宣示性理念,并非一项权利。事实上,作为"第三代人权"[1]的重要内容,环境权已经得到许多国家立法、司法实践以及一些国际法文件的确认。据资料显示,自 20 世纪 70 年代至今,有 57 个国家在宪法中确认了环境权。[2] 例如,1974 年《南斯拉夫社会主义联邦共和国宪法》第 192 条规定:"人有得到健康的生活环境的权利。社会共同体为行使这一权利保证条件。"[3]美国《夏威夷州宪法》第 11 条第 9 款规定:"每个人均有清洁、健康的环境权。"[4]该权利同时得到了美国司法界的支持与保护。[5] 美

---

〔1〕 法国法学家卡雷尔·瓦萨克将 18 世纪欧洲人权运动所主张的人权划分为:(1)公民的政治权利是"第一代人权";(2)19 世纪末 20 世纪初,反抗压迫和剥削的社会主义运动提出的经济、社会和文化权利是"第二代人权";(3)第二次世界大战后出现的,特别是与全世界非殖民化运动联系在一起的新一代人权被称为"第三代人权",这种人权主要指关涉人类生存条件的集体"连带关系权利",如和平权、发展权、环境权与食物权等。参见叶敏、袁旭阳:《"第三代人权"理论特质浅析》,载《中山大学学报》(哲学社会科学版)1999 年第 4 期。

〔2〕 参见王树义:《环境法基本理论研究》,科学出版社 2012 年版,第 150 页。

〔3〕 姜士林、陈玮:《世界宪法大全》(上),广播电视出版社 1989 年版,第 909 页。

〔4〕 王树义:《环境法基本理论研究》,科学出版社 2012 年版,第 152 页。

〔5〕 如在 Caminiti v. Boyle 案中,原告即是一位名为 Caminiti 夫人的公民和公共海岸线权利委员会的几位成员,他们对华盛顿州授权高地的私人所有者不必向政府支付费用而在公共潮水地和海岸修建码头的决定提出质疑。原告认为,首先他们对政府收取的资源有偿利用的收入享有权益;其次,他们声称服务于娱乐目的的码头的存在将损害他们对公共土地进行利用的权利,这些利用方式包括而不限于捕鱼、游泳、航行、划水、拾贝、日光浴、欣赏天然的不受惊扰的野生动物、在海滩上嬉戏、远离人烟等。See Caminiti v. Boyle,107 Wn. 2d 662,665,732 P. 2d 989. 1987. 其中,欣赏野生动物等自然景观、嬉戏、划水、日光浴即为人们享受具有生态、休闲、文化等价值的高品质环境,行使生态福利权的体现。

国最高法院专门针对环境案件强调:"审美和优美的环境如同优裕的经济生活一样,是我们社会生活质量的重要组成部分。许多人而不是少数人享受特定环境利益的事实,并不降低通过司法程序实施法律保护的必要性。"[1]1970年通过的《东京决议》则明确要求把环境权作为一项基本人权。[2] 我国2016年6月14日发布的《国家人权行动计划(2012~2015年)实施评估报告》正式将环境权纳入人权范围。

不仅如此,"社会成员享受良好的环境是一种权利,即环境权"的观点也得到了国内环境法学界大部分学者的认可,例如:蔡守秋教授认为:"环境权是指法律上的权利,即法律赋予法律关系的主体在其生存的自然环境方面享有的某种权益";[3]陈泉生教授将环境权界定为"环境法律关系的主体享有适宜健康和良好生活的环境,以及合理利用环境资源的基本权利";[4]吕忠梅教授主张"环境权是公民享有的在不被污染和破坏的环境中生存及利用环境资源的权利"。[5] 尽管学者们对环境权含义的语言表述存在差异,但基本理念是共同的:环境权是每位社会成员在良好的环境中生活的权利。基于上述分析,无须再行论证环境权的存在及其价值。此处重在阐明环境权与生态福利权的关系。要解释这个问题,需要首先明确环境权概念中所指的良好的环境是什么?它的评判标准是什么?俄罗斯生态法学家叶罗费耶夫(Bufo Yerofeev)认为:"良好环境应当理解为其各种参数均符合法律规定的保证保护人的生命和健康、保护植物和动物以及保存遗传基因的各项标准的环境。"[6]俄罗斯学者布林丘克(M.

---

[1] 参见陈泉生:《环境法原理》,法律出版社1997年版,第294页。

[2] 1970年,《东京决议》规定:"把每个人享有的不受侵害健康及福利的因素所损害的环境的权利,和关于现代应该传给后代的遗产是一种富有自然美的自然资源的权利,作为基本人权的一种原则,在法律体系中确定下来"。参见蔡守秋:《环境权初探》,载《中国社会科学》1982年第3期。

[3] 蔡守秋:《环境权初探》,载《中国社会科学》1982年第5期。

[4] 陈泉生:《环境法原理》,法律出版社1997年版,第106页。

[5] 吕忠梅:《环境法新视野》,中国政法大学出版社2000年版,第123页。

[6] 王树义:《俄罗斯生态法》,武汉大学出版社2001年版,第186页。

M. Brinchuk)认为,良好环境应同时满足三个条件:第一,环境质量应符合俄罗斯联邦立法规定的自然环境质量标准的要求。第二,拥有足量的自然资源,且自然资源的再生处于良性循环的状态。第三,能满足人的审美及其他方面的需要,满足保存生物多样性的需要。[1]

本书采用的是日本学者宇都宫深志的观点。与两位俄罗斯学者相比,该观点对良好环境的评价标准总结得更为细致、全面。宇都宫深志教授认为,良好环境的评价标准应当包括五个层次,呈金字塔状:第一层是安全,即达到人类维持生命和健康的基本要求,这是作为塔基的最下层结构;第二层是公共卫生,即解决关系到人体健康的公害问题,如水污染、噪声污染、大气污染等;第三层是环境的舒适性,即宁静、美丽等具有一定品质和悦目娱心作用的环境;第四层是历史、文化环境的保存;第五层是包括艺术、文化美等在内的环境质量的最高水平。[2] 生态福利权的客体——高品质生态环境指第三层及以上,即解决安全、公共卫生等基本环境问题,保障生存前提下的品质优良的环境。也就是说,舒适是居民享受生态福利的最低环境质量标准。当然,这一层次的环境质量是以达到前两个层次的环境质量标准为基础的。如果把前两层看作保障生存层面的初级标准,后三层则是保障发展层面的高级标准。换句话说,环境权的内容可大致分为初级和高级两个层面。初级层面的环境权指每个人享受安全、健康等维持基本生存层面环境品质的权利;高级层面的环境权指每个人享受舒适、优美、文化等高品质环境的权利。生态福利权为高级层面的环境权,又称环境权的高级样态。这一定位可在一些国际法文件中得到印证。1970 年国际社会科学评议会在日本东京召开了"公害问题国际座谈会",会后发表的《东京宣言》第 5 条指出:"我们请求,把每个人既有的健康和福利及不受侵害的环境权和当代人传给后代的遗产作为一种富有

---

〔1〕 参见王树义:《俄罗斯生态法》,武汉大学出版社 2001 年版,第 186~187 页。

〔2〕 参见[日]加藤一郎:《民法和环境法的诸问题》,王家福译,中国人民大学出版社 1995 年版,第 122 页。

自然美的自然资源的权利,作为一种基本人权,在法律体系中确定下来。”其中,每个人享有的“健康”不受侵害的环境的权利和“福利”不受侵害的环境的权利表达了环境权两个不同层次的内容,前者属于初级层面的环境权,后者则为高级层面的环境权。1972 年 6 月,联合国在瑞典斯德哥尔摩召开的人类环境大会通过的《人类环境宣言》同样体现了环境权内容的两个层面,《人类环境宣言》称:“人类有权在一种能够过尊严和福利的生活的环境中,享有自由、平等和充足的生活条件的基本权利,并且负有保证和改善这一代和世世代代的环境的庄严责任。”[1]1986 年,世界环境与发展委员会(WCED)法律专家小组出具了一份《关于自然资源和环境冲突的一般原则的报告》,该报告申明:“任何人有权享有作为健康和福利之充分保障的环境权。”这不仅明确认可了环境权,也再一次肯定了环境权初级(健康)和高级(福利)两个层面的内容。类似的国际公约还包括 35 个来自欧洲和中亚的国家于 1998 年 6 月在丹麦奥胡斯签署的《奥胡斯公约》[2]等。同时,由于生态福利权是一项可以实证化的具象权利,其内涵与外延均清晰明确,权利、义务主体指向明晰,更具可操作性,因此,它是环境权的具体化。不过,与环境权相比,生态福利权更加强调 “福利”的重要性,即突出居民获取高品质生态环境的免费性或低费性及政府对高品质环境的保护、建设、供给和分配义务的履行。

（三）生态福利权的内容

对生态福利权的内容进行介绍,意在回答“生态福利权包括哪些权利”的问题。如前所述,生态福利权是不特定多数人为提升生活质量而要求政府免费或低费供给高品质生态环境的权利。它主要包括生态福利享受权、生态福利给付请求权、平等福利份额请求权以及生态福利救济权等

---

〔1〕 *Declaration on Human Environment*, princ. 1U. N. Doc. A/. CONF. 48/14/Rev. 1, 1973, Accessed July5, 2016. http://www.unep.org/Documents/Default.asp? DocumentID = 97.

〔2〕《奥胡斯公约》在序言中宣布,“确认充分保护环境既是人类福祉的关键,又是享受包括生命权本身在内的各种基本人权的关键;并确认每个人既有权在适合其健康和福祉的环境中生活,又有责任单独和与他人共同为今世后代保护和改善环境”。

内容。

1. 生态福利享受权

生态福利权本质上是对高品质生态环境的享受权,是一种精神性权利,是对环境生态价值的利用,它承载的是一种生态的、文化的、审美的利益。享受权虽然具有抽象性,却是客观存在的。早在1994年《人权与基本原则草案》中就明确肯定了这一权利的价值。其第13条指出:"任何人皆享有基于文化、生态、教育、健康、生活、娱乐、精神或其他之目的,而公平享受因自然资源之保护及永续利用所生利益之权利。其包括生态上平等接近自然之权利。任何人皆享有保存独特遗址之权利,而与生活于该区域人民或族群之基本权利相合致。"[1]这一点,也正是生态福利权区别其他传统权利的特质。

2. 生态福利给付请求权

生态福利给付请求权是生态福利权的重要内容,指权利人依据法律的规定请求环境保护行政主管部门提供高品质生态环境的权利。与生态福利给付请求权相对应,政府负有供给、分配生态福利的义务。实践中,这一义务往往是中央政府和地方政府的环境保护行政主管部门具体负责履行。如果法律明确规定了生态福利权,那么,权利人就可依据该规定要求环境保护行政主管部门提供,倘若该部门拒绝履行或不完全履行,权利人可通过司法程序获得救济。当然,权利人享有生态福利给付请求权并不意味着一定要行使,他有放弃权利的自由。放弃权也是生态福利权利人的重要权利,任何组织、个人甚至国家都不得强迫。

3. 平等福利份额请求权

前文在论述生态福利权的资格要件时已经明确:只要拥有社会成员的资格或身份就可以享有生态福利权。那么该如何享有呢?王海明教授的"贡献论"给我们以极大启示。在他看来,社会成员的贡献有基本贡献

〔1〕 李建良:《论环境保护与人权保障之关系》,载《东吴大学法律学报》2000年第2期。

与非基本贡献之分，社会成员获得多大权利，完全取决于其贡献的性质和大小。所谓“基本贡献，就是每个人在缔结社会时所做的一切贡献。这种贡献不仅是最基本、最重要的，而且对每个人来说都是相同的。之所以每个人的贡献相同，是因为不论人的才能大与小、品德高与低、贡献多与少，都在缔结、创建社会这一最基本、最重要的贡献和因其蒙受的损失上完全相同。以基本贡献为依据，由每个人享有的相应权利应该完全平等”，[1]“所谓非基本贡献，就是在做出了基本贡献（付出）及社会存在的前提下，每个人因为个人能力的不同、机遇的有无等因素而对社会所做出的有差别的贡献。以非基本贡献为依据，由每个人享有的相应权利适用比例平等原则进行有差别的分配”。[2] 由于社会成员的资格或身份属于基本贡献，人人无异，那么每位社会成员所享有的生态福利权就应当完全平等。换句话说，每位成员都应当获得平等的福利份额请求权，不应因出身、禀赋、健康、精力等个人自然所得[3]的不同而存在差异。

4. 生态福利救济权

生态福利救济权指生态福利权遭受侵害后，福利权人通过一定的途径或方式获得救济的权利。生态福利权如果缺少相应的救济手段，便无法获得尊重，更难以真正实现。实践中，对生态福利权的侵害主要来自环境保护行政机关，如拒绝生态福利权人的给付申请等。针对来自行政机关的侵害，权利人可通过两种方式获得救济：一是通过行政机关内设机构对遭受侵害的生态福利权进行救济；二是通过向法院提起诉讼的方式获得救济。据此，生态福利救济权可进一步细化为生态福利行政救济权和

---

[1] 王海明：《公正与人道：国家治理道德原则体系》，商务印书馆 2010 年版，第 178～179 页。转引自韩秀义：《中国宪法权利“新”类型的划分、解释与应用》，载《现代法学》2012 年第 6 期。

[2] [美]E. 博登海默：《法理学——法律哲学与法律方法》，邓正来译，中国政法大学出版社 1999 年版，第 255 页。

[3] 所谓自然所得又称自然应得，指自然应当得到的，包括出身的家庭和生活环境，个人的禀赋、背景和运气等。它是因人而异的。参见张国清：《分配正义与社会应得》，载《中国社会科学》2015 年第 5 期。

生态福利司法救济权。其中,司法救济方式是对生态福利权进行救济的最主要方式。

三、生态福利法律制度的概念

生态福利权的实现需要法律制度的保障。生态福利法律制度建立在生态福利和法律制度两个基本概念之上,由生态福利和法律制度各自的含义所共同构成。上文已经对生态福利的蕴涵及其在法律上的定位(生态福利权)进行了详细的分析与论证。那么什么是法律制度?

学者们对法律制度的理解存在三种不同观点:一是从静态角度将法律制度界定为一个国家现行法律规范的总和。例如,罗尔斯(John Bordley Rawls)直截了当地指出:"我要把一个制度理解为一种公开的规范体系,这一体系确定职务和地位及它们的权利、义务、权力、豁免等。这些规范指定某些行为类型为允许的,另一些则为被禁止的,并在违反出现时,给予某些惩罚和保护措施。"[1]我国学者吕世伦也认为:"法律制度是在一定国家社会生活(首先是物质生活)中,由统治阶级所制定的、反映一定历史时期的正义、公平观念的法律规范体系。"[2]二是从动态角度将法律制度置于法律的运行机制中加以理解。例如,伯尔曼(Harold J. Berman)认为:"法律制度是一个结构化安排的制度,它的重要目的之一是通常就有关什么是允许的和什么是禁止的向政府各部门和向个人提供指导。"[3]我国陈信勇教授同样认为:"法律制度不仅仅可视为是法律规范的总和,它也是人类有组织的一个活动体系,也是由承担特定角色的人、组织(或主体)、利用种种文化设备进行运行的体系。"[4]三是从动静结合的角度对法律制度的概念进行解释。例如,弗里德曼(Milton

---

〔1〕 [美]J. 罗尔斯:《正义论》,何宏怀等译,中国社会科学出版社 1988 年版,第 51 ~ 52 页。

〔2〕 吕世伦:《当代西方理论法学研究》,中国人民大学出版社 1997 年版,第 108 页。

〔3〕 [美]哈罗德 · J. 伯尔曼:《法律与革命》,贺卫方等译,中国大百科全书出版社 1993 年版,第 6 页。

〔4〕 陈信勇:《法律社会学教程》,浙江大学出版社 2000 年版,第 34 ~ 35 页。

Friedman)在《法律制度》一书中谈道："法律制度是社会制度的一种，指以规范或规则运行、与国家相连，或有一个至少和国家行为相类似的权力机构。"[1]

自中西方学者对法律制度的概念分析中不难看出：法律规范是法律制度的基本内容，它反映了法律制度的本质，所谓法律制度的动态机制也是围绕这一核心运行的。因此，本书认同从静态角度对法律制度的概念进行阐释的观点，并以此为依据对生态福利法律制度的含义进行界定。

本书所论之生态福利法律制度属于人们有意识创设的一系列法律规范的总和，是一种类型化制度，目的是借助法律的约束和强制功能规范生态福利的供给、分配和救济，保障社会成员的生态福利权。据此，本书所称的生态福利法律制度，指国家为保障社会成员的生态福利权，制定或认可的用以调整生态福利供给、分配、救济等相关社会关系的法律规范的总称，体现了生态福利供给、分配、救济活动的规范化和法制化。它大致包括三个方面的内容：(1)生态福利供给制度，具体包括生态福利的供给模式和生态福利的供给内容；(2)生态福利分配制度，具体包括生态福利分配的原则和生态福利分配的方式；(3)生态福利救济制度，具体包括生态福利权的行政救济和生态福利权的司法救济。

第二节 生态福利法律制度的内容

上文已述，生态福利法律制度主要由生态福利供给制度、分配制度和救济制度三部分构成。其中，生态福利供给制度是基础，唯有生态福利供给充分，才可能继续进行合理化分配；生态福利分配制度是关键，生态福利是否得到平等、公平分配直接影响甚至决定着社会成员的生态福利权能否切实得以实现；生态福利救济制度是保障，它是在社会成员生态福利权遭受侵害时，法律提供的必要救济手段。

---

〔1〕［美］弗里德曼：《法律制度》，李琼英、林欣译，中国政法大学出版社1994年版，第29页。

一、生态福利供给制度

供给是一个经济学概念。《市场经济大辞典》将其界定为“厂商出售商品或劳务的能力与意愿”。[1] 供给概念所包含的是供给者与需求者之间围绕供给模式和供给内容所形成的社会关系。生态福利供给制度就是调整生态福利供给和需求这一社会关系的法律规范体系。

在分析生态福利供给模式和供给内容之前，首先需要明确供给主体。据前文述及，生态福利给付请求权的义务主体是政府，政府负有供给生态福利的义务和责任。这是由环境资源的公共产品属性和国家职能共同决定的（这一点将在第二章“生态福利法律制度的理论基础”部分进行详细分析与说明）。概言之，一方面，作为公共产品，生态环境具有非排他性和非竞争性，供给过程中很容易出现“搭便车”的现象，理性经济人出于利益最大化的考虑就会转移自己的资源，不参与公共产品的提供；另一方面，供给公共产品是国家职能的基本内容，是满足社会公共需求的必然要求。国家的理性目的是追求社会福利的最大化。倘若高品质生态环境这一公共产品供给量不足，必定会影响社会公共需求的满足，阻碍社会的发展，损害社会公共利益。生态环境在社会发展及社会福利中的重要意义说明它必须由政府提供。

（一）生态福利的供给模式

生态福利的供给模式指供给生态福利的途径和方式，它所解决的是“怎样提供生态福利”的问题。

1. 生态福利由政府直接供给。自由竞争理论认为，完全的市场竞争机制是实现资源优化配置的最佳途径，因为它能使配置每一种物品或劳务的社会边际效益等于其社会边际成本。但事实情况并非如此，价格信号并非总能准确、充分地反映社会边际效益和社会边际成本。在公共产

---

[1] 王仕元：《市场经济大辞典》，中国国际广播出版社1994年版，第10页。

品的供给方面,由于其本身具有非排他性和消费共同性,无法被分割成若干单位向私人出售,导致市场不能通过供求关系的变化为其求得一种均衡的价格,因而价格信号的作用就微乎其微。鉴于此,政府将高品质生态环境这一公共产品作为一种福利提供给社会成员只能直接进行,无法借助市场机制。

2. 生态福利由政府以服务形式提供。服务是与资金或实物形式相对应的。社会成员获取的生态福利不是有形的物质实体,而是政府通过建设、维护生态环境,提升其品质,向社会公众提供的一种生态服务。服务型福利具有鲜明的行动特征,必须依赖供给主体积极的行动支持。

3. 生态福利供给属于固定供给。固定供给与临时供给相对应而存在。临时供给是一种不定期的福利供给方式,主要用于应对重大灾害和突发性事件。如遭遇洪灾的灾民是一个暂时性弱势群体,政府需要给予物资救助,帮助其渡过难关。灾害过后,这种福利将不再发放。固定供给则是一种制度化、长期化的福利供给模式,它是供给主体长期规划的内容,供给主体往往会依据供给内容设置阶段性目标和计划。生态福利供给属于后者。高品质生态环境需要政府长期的投入和维护,不可能依靠短期的突击行动就能获得收益。因此,政府对生态环境的改善是一个长效机制,生态福利供给也是一个长期、持续的制度化、规范化运行模式。

(二)生态福利供给的内容

生态福利供给的内容解决的是"提供什么福利"的问题。倘若无法将福利供给内容具体化、明确化,生态福利供给无异于"纸上谈兵"。生态福利供给的内容具有历史性和动态性,主要由生产力发展水平、社会成员的需求及社会政策的价值追求等因素决定。

1. 建设以国家公园为代表的良好生态区域。良好生态区域是社会公众户外休闲游憩的重要场所,是其舒缓压力,释放情感的重要空间。政府应通过建立包括国家公园在内的良好生态区域,增加或扩大环境品质优良区域的范围,为民众提供广阔而多元化的活动场所和生态福利享用空间。以国家公园为例,早在1916年,美国就颁布了《国家公园基本法》,其中对国家公园的建立和管理做出了详细规定。国家公园具有生态环境资源全民共享、自然与生态环境保护、国民认同感和幸福感培育等多重功能,其突出的自然资本属性和生态服务功能更是彰显了生态可持续性的价值取向,是架起居民生态福利同享和环境保护之间共促协调的有效空间组织方式。大量的国家公园实践表明,在处理生态环境保护与生态福利共享的关系上,国家公园已经被证明是行之有效的实现双赢的管理模式。建立国家公园实现了保护与利用的有机结合,不仅极大地促进了生物多样性和生态环境保护,保证了自然资本存量,同时也充分发挥了自然资本的衍生价值,推动了生态福利事业的发展,实现了资源的可持续利用和生态福利享用的最大化,促进了生态和社会效益的协调与统一。因此,建立国家公园应当成为生态福利供给的重要内容。

2. 积极修复非环境污染生态区域。所谓非环境污染生态区域指因生态退化(如"四荒"土地)、生态破坏(如突发环境事件造成的生态平衡的破坏)等非环境污染行为造成生态失衡的区域。就自然修复的层面而言,非环境污染生态修复强调借由人工干预手段促进生态系统的自我恢复,或通过实施重大的生态修复工程促使生态系统恢复至衡平、协和状态,扩大良好生态区域的范围;就社会修复的层面而言,非环境污染生态修复是通过协调不同地区或人群的生态环境资源再分配,以明确生态修复责任的合理承担,其目的不仅在于修复受损的生态环境本身,还着眼于修复人与自然、人与人之间的关系,为社会成员生态福利的实现提供保障。从这个意义上说,修复非环境污染生态区域也应当成为生态福利供给的基本内容。

二、生态福利分配制度

按照《现代汉语词典》(第6版)的解释:分配指依据一定的标准或规

定分东西。[1] 与其他社会资源一样,生态福利也需要遵照一定的原则,依据一定的方法在社会成员中进行分配,以切实满足社会公众的福利需求,维护其生态福利权。生态福利分配制度就是对生态福利分配的原则、方式等内容进行规制的一系列法律规范。

(一)生态福利的分配原则

生态福利的分配原则是指导福利分配的纲领和灵魂,直接决定着分配结果的走向。生态福利的服务对象是全体社会成员。只要拥有社会成员的资格或身份即可享有生态福利权。社会成员不仅有权请求政府供给高品质生态环境,而且还享有平等福利份额请求权。反言之,政府负有平等、公平分配生态福利的义务和责任。这也就意味着,平等和公平是生态福利的基本分配原则。

1. 生态福利应坚持平等分配原则。此处的平等本质上属于机会平等的范畴。所谓机会平等指赋予人们争取或获得有限资源、抓住有利条件的相同可能性。机会平等包括机会起点的平等、机会实现过程的平等以及承认并尊重合理差别。

首先,保证机会起点的平等,也即地位平等。指凡是具有同样潜能和基本贡献的社会成员均应拥有获取生态福利的同等起点,处于平等地位。这是生态福利平等分配原则最基本的要求。正如单飞跃教授所言,“社会经济生活的个体在客观能力上可能是不平等的和不相同的,但是法律所赋予其行使客观能力的资格与前提必须是平等的,不能因人而异,因时而异”。[2]

其次,保证机会实现过程本身的平等。一方面,要求规则平等,即制度平等、环境平等。所有类属相同的社会成员,除非有极为特殊的理由,都需要在公平的环境中,同等适用国家为提高社会成员的生态福利而设置的制度及采取的相应措施。另一方面,要求尽可能排除一切干扰因素,

---

〔1〕 参见《现代汉语词典》(第6版),商务印书馆2012年版,第381页。

〔2〕 单飞跃:《经济法的理念与范畴的解析》,中国检察出版社2002年版,第9页。

阻碍社会成员获取生态福利的任何人为障碍，都应当清除；个人在获取生态福利方面所拥有的任何特权，都应当被取消。

最后，承认并尊重合理差别。强调人人平等是对社会成员作为人这一属种之尊严的认可和尊重，但不能因此忽视人生而存在的先天性、类比性差异，有人出生健康，有人先天残疾，有人出身富贵，有人出身贫穷，这些因素必定会影响人们实际获取生态福利的能力。唯有承认并重视这些因素，对弱势群体提供相应的救助和支持，才能从根本上实现生态福利的平等分配。这种形式上的不平等不是平等分配原则的反面，它并不必然阻碍平等的实现，恰恰相反，它是平等分配原则的内生性需要，是其深化和延伸。只有对特殊群体给予特殊关照，才能帮助这些群体拥有与普通人大体相当的生态福利获取能力，使其能够实际享用与普通人大体相当的生态福利分配结果。

那么，生态福利平等分配是否意味着分配结果的完全相同呢？答案是否定的。机会平等基础上的社会成员平等享用生态福利的结果就是获取应得的生态福利。至于实际获得的生态福利的大小则因人而异。因为福利是主客观一体化的产物。即便每位社会成员获得的客观生态利益大体相当，其主观感受也不可能完全相同，一定会受到主体财富、地位、身份、学识等个人自然所得差异的影响，甚至还掺杂着其他必然性、偶然性及选择性因素。鉴于结果本身的“不完全可控性”，实践中，结果的绝对平均化是无法想象的，更是无从实现的。不过，倘若确保在承认和尊重合理差别基础上的分配起点和分配过程的平等，社会成员取得的生态福利就应当大体位于同一水平线上，其主观感受也应当差异不大。例如，在山清水秀、风光绮丽的国家公园内，每个人都会有心旷神怡、心情愉悦的感受，尽管每个主体实际感受的程度和层次可能存在差异，但感受的内容应当是大体一致的。

2. 生态福利应坚持公平分配原则。此处的公平是形式公平与实质公平的统一。形式公平意指“法律制度的公正和一贯的执行，它要求在落实法律制度时应平等地适用于属于它们所规定的各种各样的人”。[1] 生态福利的分配首先应坚持这个层面上的公平,严格推行和适用法律制度规范。实质公平侧重强调结果公平。所谓结果公平并非单纯指个体生态福利的最大化。在生态福利的分配过程中,个体过度追求自身利益的最大化往往会伤害其他个体的利益。政府分配生态福利需要综合考虑社会整体利益,利益分配的结果不一定实现个体利益的最大化。据此,生态福利的公平分配应理解为个人福利保障基础上的社会整体福利最大化。牺牲个人利益或整体利益都不是解决生态福利冲突的理想手段,更非公平价值的体现。生态福利的分配应始终以保障个人权利为立足点,以社会整体福利的提升为推行效果的评判标准,秉承实质公平兼顾形式公平的价值理念,在全部社会成员普遍享受生态福利恩泽的基础上,最大限度地增加社会公共利益。

(二)生态福利分配的方式

就本质而言,生态福利分配属于第二次分配,又称资源再分配。第二次分配是相较初次分配而言的,有学者将其视为初次分配的延续。[2] 初次分配是“市场机制作用下,把国民收入分解为不同经济主体收入的过程”,[3]具体表现为通过资本投入获得收入以及通过劳动获得报酬。由于初次分配是以生产要素(包括劳动力、资本、土地、技术等)投入的多寡为依据进行的分配,生产要素投入多,收入就高;相反,收入就低。因此分配后,个人之间的收入差距有时比较明显。当然,“多劳多得、少劳少得、不劳不得”的初次分配模式会激励人们努力工作,积极劳动,获得更多回报。同时,也推动了社会的有效、快速发展。从这个意义上说,初次分配后产生的收入差距是必要的也是合理的。不过,倘若贫富差距过大,又会

---

〔1〕 陈妮:《经济法追求的实质公平》,载《北京工业大学学报》(社会科学版)2008 年第 4 期。

〔2〕 参见范斌:《福利社会学》,社会科学文献出版社 2006 年版,第 201 页。

〔3〕 白书祥:《对初次分配与再分配关系的再认识》,载《前沿》2004 年第 1 期。

影响社会的稳定，此外，一些老弱病残或失业群体也无法得到关照。为实现更高层面的社会公平，必须对国民收入进行第二次分配。第二次分配是国家以社会管理者的身份，借助税收和财政支出两种基本方式，参与国民收入分配的过程。它有两种基本职能：分配职能和调节职能。前者是满足非营利性、为社会公共利益服务之消费需要的职能。如国家党政机关不参与市场运作，不创造国民收入。因而，他们不参与初次分配，直接通过二次分配获得资金，满足消费需要。后者是对初次分配进行干预和调节的职能，旨在缩小收入差距、维护社会稳定和公平。生态福利分配集中体现了第二次分配的分配职能。它属于非营利性社会公共服务，不具有商业性，无法创造国民收入，只能通过第二次分配获得财政支持。资金来源主要是税收。“税收是国家凭借政权的力量，按照法律规定的标准，向居民、经济组织无偿、强迫地征集一定货币或实物而形成的特定的分配关系。它具有强制性、无偿性和固定性特点。”[1]国家征税的目的主要是满足福利支付和转移支付的需要。

环境税，又称生态税，是税收的一个独立税种，指“为实现特定的生态环保目标，筹集生态环保资金，调节纳税人相应行为而开征的有关税收的总称”。[2] 与传统税种不同，环境税的税源主要集中在污染环境的消费品或行为上，税收本身具有明显的环境保护作用。“以美国为例，经过几十年的努力，美国汽车使用量虽然年年上升，但由于征收了二氧化碳税和汽油消费税，美国国内二氧化碳排放量比 20 世纪 70 年代减少了 99%，空气中一氧化碳含量减少了 97%，二氧化硫含量减少了 42%，悬浮颗粒物减少了 70%”。[3] 环境税的税款主要用于环境质量的改善，因而它是生态福利分配的重要资金来源。生态福利的分配就是政府通过征收环境税积累专项资金，用以支持良好生态区域以免费或低费开放的方式将优质

---

〔1〕 黄锡生、孟庆瑜：《经济法学》（第 3 版），重庆大学出版社 2010 年版，第 76 页。
〔2〕 张美芳：《美国环境税收体系及其启示》，载《现代经济探讨》2002 年第 7 期。
〔3〕 秦鹏：《生态消费税收制度研究》，载《法律科学》（西北政法学院学报）2006 年第 6 期。

的生态环境平等、公平分配给社会成员。良好生态区域免费或低费开放是最大化实现该区域文化和社会价值的重要手段,是提升社会成员生态福利指数的重要方式,更是生态福利分配的重要环节。“美国、英国等发达国家的大部分公园、城市绿地、广场都免费开放”,[1]如“伯肯海德公园是世界上第一个城市公园,它由英国利物浦于1843年利用税收建造而成,并向公众免费开放”。[2] 我国部分城市政府也已经开始尝试对城市公园实行免费开放,收到了良好的社会效果。在一份针对广州市公园免费开放的居民满意度调查问卷中,“40.5%的被访者对公园免费开放政策持积极的支持态度”。[3] 可以说,环境税收和良好生态区域免费或低费开放构成了生态福利分配的两个步骤,缺一不可。前者是后者的基础,后者是前者的应然结果。因为从法律关系上讲,税收征纳主体之间本质上是一种债权债务关系,政府在征收税收的同时又向纳税人免费或低费提供高品质生态环境这一公共产品的义务。

三、生态福利救济制度

“有权利,即有救济;无救济,则无权利”,这句著名法谚表明了权利与救济之间的紧密关系。生态福利权的实现需要政府义务的相应履行。如果政府不履行或不完全履行义务,则构成对生态福利权的侵害。实践中,政府对生态福利权的侵害主要来自环境保护行政主管部门,如拒绝生态福利权人的福利给付申请等。此外,立法机关或司法机关也可能侵害社会成员的生态福利权,如立法机关违反宪法,制定剥夺生态福利权人福利获取资格的法律;司法机关不公正裁判,侵害生态福利权人的利益等。针对这些侵害,法律需要设置相应的救济手段对受到侵害的生态福利权予

---

[1] 陈明仪:《对广州公园免费开放问题的探讨》,载《广东园林》2005年第4期。

[2] Purnick, Joyce, *Falling Down On the Upkeep Of City Parks*, New York Times, 2001, p. 26.

[3] 方远平等:《转型期居民对城市公园免费开放的感知分析——以广州市为例》,载《旅游学刊》2012年第8期。

以救济。生态福利救济制度就是对生态福利权遭受侵害后的救济途径进行规制的法律规范的总称。

综观当今世界各国的权利救济手段,无外乎立法救济、行政救济和司法救济三种方式。不过,"由于立法机关的性质决定了其对福利权个案不可能做到及时有效的救济,所以立法机关的救济方式在各国并不多见"。〔1〕行政救济是受到侵害的生态福利权人通过行政机关内部途径获得的救济,其在性质上属于行政机关的自我监督手段。司法救济是对遭受侵害的生态福利权进行救济的最常见也是最重要的方式,主要表现为生态福利权人通过环境行政公益诉讼的方式获得救济。所谓环境行政公益诉讼指"行政机关的行政行为侵害或可能侵害到环境或生态资源等环境公共利益时,公民、法人、其他组织或检察机关依法向法院提起行政诉讼,由法院依照法定程序对行政行为的合法性予以审查并做出裁判的一种活动"。〔2〕该类诉讼以保护环境公共利益为直接目的,具有明显的预防性和导向性,对遭受侵害的生态福利权具有积极的救济功能,同时对已经造成或可能造成的环境公益损害具有预防和补救作用。综上可见,生态福利权的行政救济和司法救济是生态福利救济制度的主要内容。

〔1〕 陈国刚:《福利权研究》,中国民主法制出版社 2009 年版,第 140～141 页。
〔2〕 林丽:《关于环境行政公益诉讼的法律思考》,载《河北法学》2007 年第 8 期。

第二章　生态福利法律制度的理论基础

任何法律制度都必须建立在坚实的理论基础之上。科学而缜密的理论指导能够夯实制度建设的根基,并使制度构建始终沿着自然和社会发展客观规律的轨道前行。生态福利法律制度也不例外,生态福利的复杂性,决定了必须在多领域、多学科的理论基础上建构生态福利法律制度,唯此才能满足制度建设的现实需求,保证其科学性、规范性和有效性。本章将对生态福利法律制度的理论依据进行全面、系统的归纳和梳理,以探寻和挖掘隐藏在制度背后的理论根源。

第一节　福利国家理论

一、福利国家理论简述

"福利国家"源于"社会国家"的概念,1870 年由德国历史学家首次用以描述俾斯麦政府的"国家社会主义"政策。随即,它开始在英语国家中使用,但没有确定的内涵。1942 年英国大主教威廉·坦普尔(William Temple)在《基督教与社会秩序》(*Christianity and social order*)一书中为区别德国的纳粹统治,使用"福利国家"一词强调政府不仅要维护社会秩序,还要在此基础上为公民提供福利。他因而被学界视为正式提出"福利国家"的第一人。同年,英国著名经济学家贝弗里奇(William Henry

Beveridge)主持撰写了《贝弗里奇报告》,这份报告系统描绘了英国福利国家的美好蓝图,详细论证了社会福利与社会保障对英国社会发展的重要性。该报告对英国乃至世界范围内福利国家的构建影响深远,“标志着福利国家理论的成型”。[1]

虽然福利国家理论是现代社会的产物,人们对国家社会功能的需求却可以追溯到国家产生之日。古罗马著名思想家西塞罗(Marcus Tullius Cicero)“把国家看成‘人民的事业’,公民通过参与政治生活的目的是要‘分享共同利益’”。[2] 然而,古罗马却因不重视国家的社会功能和社会的变迁需求,为基督教从社会底层传播和发展,进而成为“超国家”机器创造了机会。工业化之前,济贫和收容流浪者的工作绝大部分由教会承担。整个中世纪,宗教在社会救济和福利服务中一直占据主导地位。直至中世纪末期,席卷欧洲的黑死病和宗教改革,为国家取代教会,广泛介入社会救济领域提供了契机。宗教组织对流民、失业、疾病等社会问题的无能为力,使人们转而吁求政府。16 世纪后期,英国政府开始加大对社会救助的干预力度,设立了“以政府为主要责任者的济养院,以收容无力自存者”。[3] 自此,国家正式介入社会领域,承担社会保障和福利服务职责。福利国家的发展大体上经历了三个阶段。

(一)传统福利国家阶段

1601 年英国《济贫法》出台,国家社会福利供给的主导地位以立法的形式得到确认,这是福利国家产生的政治伦理雏形。此后,世界范围内掀起了社会福利与社会保障的立法高潮:1883 年德国制定了《疾病保险法》,1884 年又出台《工伤保险法》;挪威于 1890 年实施《疾病保险法》,1892 年颁布《养老保险法》;丹麦于 1892 年颁布《疾病保险法》,1898 年实

---

〔1〕 葛稣:《福利国家理论及其对我国发展社会保障事业的启示》,载《商业经济》2013 年第 6 期。

〔2〕 蒋银华:《论国家义务的理论渊源:福利国理论》,载《河北法学》2010 年第 10 期。

〔3〕 汪华:《论“福利国家”产生的实践传统与理论渊源》,载《改革与战略》2008 年第 12 期。

施《工伤保险法》;荷兰于1901年颁布《工伤保险法》;瑞典则于1913年实行《养老和残疾保险法》等。这些法律的出台推动着国家不断向福利制度化方向迈进。20世纪初,英国福利经济学家们认为,国家要向富人征收累进所得税,作为对低收入者的失业救济和社会补助,以缩小贫富差距,实现社会福利。1936年著名经济学家凯恩斯(John Maynard Keynes)发表《就业、利息和货币通论》一书,提出国家干预经济理论,迅速在世界范围内传播开来。他认为在社会有效需求严重不足的情况下,要通过增加政府投入,实行赤字财政,刺激消费,拉动经济,以满足就业和其他社会需求。"他主张一种'积极的'经济政策会刺激和规范经济的增长;增长的'税制'使国家计划得以延伸"。[1] 凯恩斯的国家干预理论为第二次世界大战后福利国家体制的最终形成并发展奠定了坚实的理论基础。受凯恩斯主义的影响,这个时期福利国家的发展表现出明显的连续性和渐进性,其政策主要集中于"较高的财富累进税、削减私有财产所有权、进入市场的技能和社会所有权形式的扩张",[2] 保障体系主要涵盖就业政策、住房、老年人保障、个人社会服务和卫生保健服务五个方面。

(二)福利国家重构阶段

20世纪40年代,在凯恩斯宏观经济学和第二次世界大战的强烈催化下,"福利国家体制"终得成型。这是西方工业国家为应对和解决第二次世界大战后出现的一系列社会问题所建立的,在全国范围内普遍实行社会保障和社会福利的国家体制。英国是世界上第一个建成这种体制的国家。1946~1948年,工党艾德礼(Clement Richard Attlee)政府颁布了一系列重要的社会立法,包括《家庭补助法》《国民救济法》《住房法》《国民保险法》《国民医疗保健法》等。随后,艾德礼在1948年骄傲地向世界宣布

---

〔1〕 [德]克劳斯·奥菲:《福利国家的矛盾》,郭忠华等译,吉林人民出版社2006年版,第173页。

〔2〕 Ben Jackson, *Revisionism Reconsidered*: "*Property-owning Democracy*" *and Egalitarian Strategy in Post-War Britain*, Twentieth Century British History, Vol. 16, No. 4, 2005, pp. 416-440.

英国已建成福利国家。此后，德国、意大利、挪威、丹麦、瑞典等国也纷纷迈入福利国家行列。

经历了几十年的发展和演变，传统福利国家大多出现了不同程度的经济困境，突出表现在经济危机、失业增加、福利支出不断增长。民众要求国家进行改革的呼声日益高涨，迫使政府不得不在福利国家建成后优先、重点考虑体制改革和重构的问题。改革的第一步就是调整福利供给的价值理念，"由恩施济贫的伦理诉求转向制度化的政治目标"。[1]统治者以满足广大社会成员保障自身权利要求的措施取代原本出于慈善的社会救济政策，并通过社会立法被制度化和法制化。制度公正代替仁慈之政，社会运动代替个人行为，实现了国家体制的创新和飞跃。福利国家自此改变了传统的发展模式，踏上了制度化和律法化的发展道路。此外，这一时期的福利国家改革还非常强调个人责任的承担。在英国保守党发布的《福利改革——变革的计划》绿皮书中写道："应树立一种新的福利理念，在承认国家责任的同时，也应认识到，个人在福利方面具有同样重要的作用，新的福利制度将选择一条新的发展道路，应该赋予个人在福利方面更大的独立性和责任感。"[2]于是，政府开始有计划地开源节流、削减财政赤字和福利支出，并推行私营化和市场化改革，充分发挥私有因素和市场机制在增进社会福利和提高公共服务方面的作用。

（三）现代福利国家阶段

历经了重构时期的国家体制改革，西方统治者又为21世纪福利国家的建设和发展铺就了"第三条道路"。其主旨既不是拆除福利，也不是旧有模式的重复，而是着力于实现社会公平公正和机会均等，推动国家的全面福利改革，内容涵盖住房、医疗、环境、教育、就业等社会发展的方方面面。这个时期的福利国家以构建"多样化且包容的社会"为价值主旋律，

---

〔1〕 丁东红：《面临挑战的福利国家理论与实践》，载《党政干部学刊》2012年第10期。

〔2〕 丁建定：《英国社会保障制度的发展》，中国劳动社会保障出版社2003年版，第169～170页。

主张克服并尽可能消除贫困，推行"收入均等"政策，推崇市场竞争和经济自由，在人力资本投资方面，强调创造机会均等，以提高社会福利的质量和效益，满足社会的多样化需求。例如，1999 年英国工党发布了《拯救生命：我们的更健康的国家》绿皮书，其中对造成国家不健康发展的经济、社会、环境等各方面的原因进行了深入剖析，并提出了一些有针对性的解决对策，为英国福利政策的全面推行指明了道路。现代福利国家不是在旧有制度下对社会保障和福利政策的局部调整和修补，因为在统治者看来那不能从根本上缓解社会贫困，实现社会公平。它是在一个完全的新秩序下建立的一整套国家制度，以平等、公平为指导原则，通过国家在社会再分配过程中充分发挥作用，对特殊需求和困难人群给予必要的帮助和支持，满足全体国民的福利需求。它要求国家必须要以最终责任者的角色和身份供给社会福利，对经济发展、社会稳定和全民福利负责。这些带有先进理念的国家制度的确在一定程度上缓解甚至解决了西方社会发展中出现的矛盾，不过，鉴于资本主义国家的固有缺陷，有些问题不可能得到根本解决。

尽管福利国家理论在西方论争几十年，但就何为福利国家至今仍然没有一个统一而明确的界定。目前，国内外关于它的定义有多种表述：(1)英国著名政治学家约翰·基恩(John Keane)认为，"福利国家就是国家通过保证投资、减少失业和扩大社会保险项目的再分配等战略使自己渗透到社会生活中去，以便保证个人与群体之间的公正和平等"。[1] (2)温科特(Wincott)提出，"一个保障了其公民社会权利的国家就是福利国家"。[2] (3)阿萨·布里格斯(Asa Briggs)认为，"福利国家是指政府至少应在三个方向上努力纠正市场作用：第一个方向是保证个人和家庭的最低收入，不管他们的工作和财产的市场价值如何；第二个方向是使个人

〔1〕 [英]约翰·基恩：《公共生活与晚期资本主义》，马音等译，社会科学文献出版社 1999 年版，第 1 页。

〔2〕 丁开杰、林义：《后福利国家》，上海三联书店 2004 年版，第 110 页。

和家庭能够应对某些导致个人和家庭危机的‘社会突发事件’，如疾病、老龄和失业，缩小其不安全程度；第三个方向是不歧视公民地位或等级，确保他们在人们认可的一定社会服务内获得可得的最好水平的服务”。[1] (4)尼古拉斯·巴尔(Nicholas Barr)将“福利国家”定义为“有政府参与的现金津贴；卫生保健；教育以及食品、住房待遇和其他一些福利服务”。[2] (5)哈里·格维茨(Harry Gvitz)认为，“福利国家是政府在基本需求方面为其成员的福祉承担法定的，因此是正式的和明确的责任的制度表征”。[3] (6)周弘认为，“福利国家不是社会保险，不是公费医疗，也不是家庭福利或社会救济计划。福利国家也不等同于社会保障或社会政策，而是它们的汇总”。[4]

上述可见，学者们虽然对福利国家的概念表述不一，但普遍认为，福利国家的实施主体是政府，社会成员享受福利服务是一项重要权利。本书也认为：福利国家是指第二次世界大战后资本主义社会普遍建立起来的，由政府向其社会成员提供社会保障和社会福利的一种国家体制。其本质是近现代国家所特有的一种国家样态。在这样的国家中，政府通过颁布和推行一整套广泛的社会福利制度和政策来约束自己在福利供给中的行为，获得政府的福利帮助和服务是社会成员的一项当然权利，政府应对其成员平等获取福利承担必要的义务和责任。

二、福利国家理论与生态福利法律制度

纵观福利国家的发展历史并结合其概念不难看出，福利国家是一种对个人和政府之间权利义务关系的平衡和界定。它通过强化政府在福利

---

〔1〕 Asa Briggs, *The welfare state in historical perspective*, Archives European Sociology, 1961, p. 2.

〔2〕 [英]尼古拉斯·巴尔：《福利国家经济学》，郑秉文译，中国劳动社会保障出版社 2003 年版，第 7 页。

〔3〕 H. Girvetz, *Welfare State in International Encyclopedia of the social sciences*, Archives European Sociology 1968, p. 50.

〔4〕 周弘：《福利国家向何处去》，社会科学文献出版社 2006 年版，第 1 页。

供给中的义务和责任，对公民的社会权利给予制度性保障。福利国家自产生伊始就具有明显的制度性特征。大量的社会立法将公民的社会权利和国家的福利供给义务及责任予以制度化和法律化。国家通过法律手段指导福利的供给和分配，以保护社会公共利益，维护社会和经济秩序，实现公民的社会权利。由此，国家供给福利不再仅仅是一种道德义务，而是法定义务。福利国家也不再仅仅是一种理论或政策性安排，而是一种制度性体制，它以政府为实施主体，以公民为受益对象，以政府主导为运行关键，以公平、平等和共享为基本价值理念。从某种意义上说，福利国家理论就是有关福利国家法律制度的理论体系。生态福利是社会福利发展到一定阶段的产物，生态福利法律制度是以生态福利为核心内容的新型福利法律制度，自然应当以福利国家理论为基础和支撑。

福利国家法律制度的建立不仅为社会成员提供了比较全面的、高水平的福利和保障，极大缓和了阶级与阶层之间的利益冲突，而且也给资本主义带去了自我维持、自我改善、自我更新的能力，使其发展进入了一个黄金时期。正是基于法律制度的规范和约束，福利国家才有如此长久的生命力。福利国家的这一发展历程充分表明构建生态福利法律制度十分必要。唯有借助国家立法的形式，生态福利制度的确立才有合法化基础，才能明确社会成员生态福利权的内容及国家供给、分配生态福利的义务和责任，从而在一定的结构和环境中，稳定地、持久地、强制地去实现生态福利的目标，以达到维护社会公平和正义的目的。需要说明的是，生态福利法律制度不仅包括国家制定和执行的各种法律的总和，也包括政府制定的政策法规。这些法律和政策法规的制定和变动，本质上体现了国家总体上的社会政治目标和发展方向，反映了不同阶层、群体的利益需求，也影响甚至决定着政府相关部门的责任分配模式。

生态福利法律制度应以社会成员的生态福利权为核心。福利国家理论将公民的社会权利[1]视为福利制度的前提和基础。“公民的社会权利主要体现在享受国家的福利政策以及社会政策的资格。因此,公民如果拥有完整的社会权利,福利国家就可以保证其享受到保障生活水平基础上,教育、福利等提高生活水平的福利和服务的权利。”[2]福利国家理论对公民社会权利的这一定位,一方面,是基于权利的本质,即享有权利就意味着获取了一种资格,公民只有享有社会权利才具备享受国家福利政策的资格,因而它是福利制度的前提和基础;另一方面,则是出于权利本位的考虑。立足权利本位的立场,义务主体的义务来源于、从属于、服务于权利主体的权利。所谓义务来源于权利指“义务的合理性来源于权利,即表明权利与义务在逻辑上有一种因果关系和源流关系,义务在实质上是权利的引申和派生物”。[3] 所谓义务从属于、服务于权利是指“义务的必要性取决于权利,义务是为适应权利的需要而被设定的”。[4] 据此,唯有首先明确权利主体的权利,才有助于进一步明晰义务主体的义务。前文已述,法律制度的基本内容是法律规范,而法律规范又是规定权利、义务的准则和标准,[5]那么,权利、义务也就是法律制度的基本要素。在权利与义务的相互关系中,权利又居于“本位”。从这个意义上说,权利主体

[1] 马歇尔认为:“每位社会成员都拥有三种公民权,即市民权利(civil right)、政治权利(political right)和社会权利(social right)。其中,市民权利,是指市民的部分对于个人来说必不可少的权利,包括人身自由、言论、思想、信仰的自由,还有要求正义的自由;政治权利,主要是指通过参与议会选举而进入决策过程的权利,具体由选举权和被选举权两方面构成;社会权利是整个系列的权利,从享受一点点经济福利和社会保障的权利到分享整个社会遗产,并过上按主流标准制定的文明人的生活。”参见刘丽伟:《政治哲学视域下的福利国家研究——以英国为例》,黑龙江大学哲学与公共管理学院2010年博士学位论文,第46页。

[2] 刘丽伟:《政治哲学视域下的福利国家研究——以英国为例》,黑龙江大学哲学与公共管理学院2010年博士学位论文,第47页。

[3] 钱大军:《环境法应当以权利为本位——以义务本位论对权利本位论的批判为讨论对象》,载《法制与社会发展》2014年第5期。

[4] 郑成良:《权利本位论——兼与封日贤同志商榷》,载《中国法学》1991年第1期。

[5] 张文显教授认为,“作为构成法律的主要要素,法律规范是规定法律上的权利、义务、责任的准则、标准”。参见张文显:《法理学》,高等教育出版社2003年版,第91页。刘星教授也将法律规范表述为“规定法律上的权利、义务、责任的准则、标准”。参见刘星:《法理学导论》,法律出版社2005年版,第75页。

的权利应当位于法律制度的基础和核心地位。生态福利法律制度也不例外。生态福利权是随着环境状况日益恶化及环境保护民主进程不断推进而产生的一种新型权利，是福利权在环境保护领域的具体体现，是环境权的重要组成部分。生态福利法律制度应以该权利为核心，进一步明确政府供给、分配生态福利的义务，从而构筑完整的法律规范体系。

生态福利法律制度应以政府主导为基本运行模式。福利国家的发展历史已经证明国家介入社会福利的供给和分配不仅是可行的，而且是必要的。生态福利是社会福利发展到一定阶段的产物，因而也需要国家主导供给和分配。工业革命以后，生产力水平大幅提高，科技迅猛发展，人类征服与改造自然的能力逐步加强。相应地，环境污染与资源破坏的问题也与日俱增。环境问题的大规模爆发始于20世纪60年代，以闻名世界的"八大公害事件"[1]为开端，迅速向全球蔓延。步入现代社会，生态

---

[1] 20世纪60年代闻名世界的"八大公害事件"：(1)比利时马斯河谷烟雾事件。1930年12月，比利时马斯河谷工业区13个工厂排放的工业有害废气和粉尘等烟雾使河谷工业区有上千人发生胸疼、咳嗽、呼吸困难等，一周内有60多人死亡，家畜死亡率也比平时大大增加。这是20世纪记录最早的大规模大气污染事件。(2)美国洛杉矶光化学烟雾事件。从20世纪40年代开始，拥有大量汽车的美国洛杉矶城出现由光化学烟雾造成的黄色烟雾。1955年，这些烟雾引起的呼吸系统衰竭死亡的人数达到四百多人，这是世界上最早出现的由汽车尾气导致的大规模大气污染事件。(3)美国多诺拉烟雾事件。1948年10月，美国宾夕法尼亚州的多诺拉镇工厂排放的烟雾造成5911人发生眼痛、咽喉痛、流鼻涕、头疼等不适，其中20人死亡。这次烟雾事件主要由二氧化硫等有毒有害物质和金属微粒附着在悬浮颗粒物上使大气严重污染，人们在短时间内吸入有害气体导致灾难。(4)英国伦敦烟雾事件。1952年12月，英国伦敦大量燃煤粉尘和湿气使许多城市居民感到呼吸困难、眼睛刺痛，仅4天时间死亡了4000多人，之后的两个月又陆续有8000人死亡。这是20世纪世界上最大的由燃煤引发的城市烟雾事件。(5)日本熊本水俣病事件。从1949年起，位于日本熊本县水俣镇的氮肥公司将工厂废液直接排入水俣湾。截至1954年，当地居民因食用被污染水域中的鱼虾和贝类而导致甲基汞中毒，患者多达283人，其中有60人死亡。(6)日本四日市哮喘事件。1955年，日本四日市建立了"石油联合企业城"。石油冶炼产生的废气使当地居民出现头疼、咽痛等不适症状。自1960年开始，当地患哮喘病的人数激增，很多人因不堪折磨而自杀。(7)日本爱知米糠油事件。1968年，日本九州爱知县一食用油厂在生产加工时造成食用油污染。后因食用受污染的食物而得病的人全身肌肉疼痛、肝功能下降，重者出现急性肝坏死，肝昏迷直至死亡。1978年，确诊患者人数累计达1684人。(8)日本富山痛痛病事件。19世纪80年代，日本富山县神冈矿山在经营中将含有重金属的废水直接排入当地水田土壤，导致当地居民肾病患者剧增，一些妇女得上一种浑身剧烈疼痛的病，重者全身多处骨折，在痛苦中死亡。1931～1968年，被确诊患此病的人数为258人，其中死亡128人，1977年又死亡79人。参见汪劲：《环境法学》，北京大学出版社2006年版，第15页。

危机不仅没有解除,反而愈演愈烈,臭氧层破坏、温室效应、酸雨、生物多样性减少等全球性环境问题频频发生。在此背景下,高品质的生态环境成为了一种稀缺资源。一部分人(强势群体)能够获得这种资源,从中享受利益,而另一部分人(弱势群体)则无法获得。事实上,良好的环境资源是人类的共同财富,每位社会成员都有权平等享受。"自然环境恶化与生态需求增长的失衡使'生态'变得稀缺而成为'社会福利'的新增类目。"[1]那么,如何才能有效地分配这种资源,以满足社会成员的福利需求就成为了人们不得不慎重思考的问题。从经济学角度来看,市场是激发经济活力的原动力,是合理配置资源的最有效手段。但是,市场关注的仅仅是资源配置的结果利润,它并不在意也不能保证每位社会成员的需求都能得到满足。换句话说,市场并不能满足所有人对高品质生态环境的需求。加之市场本身不是万能的,也会出现失灵,单纯依赖市场势必会衍生诸多负面效应。因此,国家通过强制手段进行主导就成为必然。政府主导的手段是利用税收政策对社会资金进行吸收、整合,依据一定的原则,通过社会政策和措施对生态环境资源进行再分配,平衡社会成员的资源享用差,以此促进社会公平。

生态福利法律制度应以公平、平等和共享为基本价值理念。"公平与平等是社会福利的本质,其价值取向既是社会福利产生的动因,也是社会福利实践的根本目标。"[2]当社会上的某些人还无法享受生态福利,而另一部分人却可以无限制地追求享受高品质生态环境这种资源时,政府就有责任通过法律手段对这一现象进行调整和规制,支撑这种调整行为的理念就是公平和平等。正如哈佛大学经济学教授阿玛蒂亚·森(Amartya Sen)所呼吁的,"人类社会在享受福利、获取消费品和能力的拥有上,要把

[1] 冯敏良:《"福利"的逻辑:从学理到实践》,载《天府新论》2014年第6期。
[2] 范斌:《福利社会学》,社会科学文献出版社2006年版,第6页。

公平和平等作为标准,以改进生活质量为目的"。[1]公平与平等蕴含着人作为主体对自己生活的社会价值的肯定,以及对他人、对社会的利他主义情怀。倘若生态福利法律制度是一个公平与平等的机制,就可以缓和各法律关系主体之间利益的不平等和利益冲突。"福利共享"是福利国家理论的重要价值理念。社会民主主义思想家蒂特马斯(Titmuss)将这一理念描述为福利享用的"普遍性"。他认为:"普遍性的社会福利服务即没有任何阶级、种族、性别与宗教等差别的社会福利服务,可以发挥这样的社会功能,那就是促进和提高全社会走向社会协调的态度与行为。"[2]无论是"共享"还是"普遍"均强调社会成员享受社会福利的无差别性。这是由社会福利的"公共"属性决定的。生态福利法律制度也应将这一理念尊奉为基本价值,即保证全体社会成员均为生态福利的受益主体,这是一个集全社会力量的共同体,大家共享福利,共担维护责任。政府推行生态福利的政策和措施应当实现城乡之间、区域之间、民族之间的全覆盖,切实保障每位社会成员都有权获得同等的福利待遇,不会因各种理由而被边缘化,也不会因获取福利的实际差异而被歧视。

综上所述,福利国家理论是生态福利法律制度的理论来源和基石,前者在制度的基础、运行模式和价值理念等方面为后者提供借鉴和支撑。

第二节 公共产品理论

一、公共产品理论简述

公共产品(public goods)是公共经济学理论的核心概念,最早由瑞典人林达尔(Lindahl)于1919年在《课税的公平》一文中提出,但当时这一概念并不为人们所认知。直至1936年马尔科(Malko)的《公共财政学基

---

〔1〕 丁东红:《福利国家理论及其启示》,载《"西方政治哲学"全国学术研讨会论文汇编》2011年第5期。

〔2〕 刘丽伟:《政治哲学视域下的福利国家研究——以英国为例》,黑龙江大学哲学与公共管理学院2010年博士学位论文,第42~43页。

本原理》(*First Principles of Public Finance*)在美国翻译出版,书中的"Public goods"才逐渐在英美学界被广泛使用。1954 年和 1955 年,美国经济学家保罗·萨缪尔森(Paul Samuel)在《经济学与统计学评论》第 36 期和第 37 期,相继发表了《公共支出的纯理论》和《公共支出理论图解》两篇著名文章,对公共产品做了经典性表述,标志着真正意义上的公共产品概念的产生。

虽然公共产品的概念在 20 世纪 50 年代才被正式提出,但公共产品却是与人类一同出现并发展的,因而其理论研究的历史源远流长,最早可追溯至 17 世纪 50 年代,延续至今,大致分为三个阶段。

(一)公共产品理论的萌芽时期

公共产品理论可追本溯源至英国学者托马斯·霍布斯(Thomas Hobbes)。1651 年霍布斯在《利维坦》一书中谈道:个人是公共产品利益和效用的享用者,但其本身又很难独立提供这种产品,于是他们相互间达成契约创建政府,由政府负责提供。该思想被视为后来公共产品最根本的理论基础之一。[1] 1740 年英国哲学家大卫·休谟(David Hume)在《人性论》中用排除公共牧地积水的例子[2]说明人的利己本性导致公共产品供给过程中"搭便车"现象在所难免,这一问题只有依靠政府参与才能有效克服。虽然休谟并未明确提出公共产品的概念,但其论证已经触及公共产品理论的核心问题。继休谟之后,亚当·斯密(Adam Smith)在《国富论》中阐述了"看不见的手"的原理,并对政府保护社会,保护社会上的每一个人,建设并维护公共事业和公共设施等职能进行了详细分析与论证,在他看来,政府有义务提供最低限度的公共服务。与亚当·斯密一样,约翰·斯图亚特·穆勒(John Stuart Mill)认为:"公共服务的提供

---

〔1〕 参见张宏军:《西方公共产品理论溯源与前瞻——兼论我国公共产品供给的制度设计》,载《贵州社会科学》2010 年第 6 期。

〔2〕 排除公共牧地积水的例子是:两个邻人可能达成协议共同排去公共牧地上的积水,但在一千人之间就难以做到,因为每个人都想坐享其成。参见[英]大卫·休谟:《人性论》,关文运译,商务印书馆 1983 年版,第 577~579 页。

是重要的，但却没有任何个人对之感兴趣，因为这些服务的提供并不必然能够自动地获得适当的报酬。"[1]因而，这类服务必须由政府提供。在《政治经济学原理》一书中，穆勒还进一步研究了政府提供公共产品的范围。这一时期，学者们对公共产品概念的理解尚不深入，对该类产品供给的内容缺乏系统的归纳和梳理，但其研究已经体现了公共产品思想的萌芽。

（二）公共产品理论的形成时期

霍布斯、休谟、斯密、穆勒等学者开创了公共产品理论研究的先河，之后，在以萨克斯（Sax）、林达尔等为代表的奥意财政学派、瑞典学派和萨缪尔森的共同努力下，公共产品理论终得形成。

奥意财政学派用边际效用价值论解释公共财政问题，认为公共产品产生的正边际效用应该等于个人纳税所产生的负边际效用。随后，瑞典学派的集大成者林达尔在奥意财政学派理论的基础上，创建了著名的"林达尔均衡模式"（又称威—林模型）。"该模型利用个人产品效率条件均衡分析方法研究公共产品最佳供应问题，认为消费者对于公共产品的需求曲线代表其为消费公共产品而愿意支付的税收额。"[2]威—林模型对公共产品供给的资金来源进行了量化分析，极大促进了西方公共财政理论和公共产品理论的完善。萨缪尔森通过对公共产品与私人产品进行比较分析，明确公共产品的定义和属性。他认为："公共产品是指每个人对这种产品的消费都不会导致其他人对该种产品消费的减少。私人产品是指如果一种产品能够加以分割，因而每一部分能够分别按照竞争价格卖给不同的人，而且对其他人没有产生外部效果。"[3]在萨缪尔森看来，公共产品不同于私人产品，具有明显的非排他性和非竞争性，很难将其置于

---

〔1〕［英］约翰·斯图亚特·穆勒：《政治经济学原理及其在社会哲学上的若干应用》，胡企林等译，商务印书馆1991年版，第371～372页。

〔2〕王晔：《财政分权视角下农村公共产品有效供给研究》，中国农业大学经济管理学院2015年博士学位论文，第7页。

〔3〕王爱学、赵定涛：《西方公共产品理论回顾与前瞻》，载《江淮论谈》2007年第4期。

一个有效的价格体系控制它的消费,因而需要政府成为这种资源的主要配置者。同时,萨缪尔森还使用均衡分析、最优分析等方法和工具对局部均衡的威—林模型进一步拓展,建立了用于分析公共产品最佳供给的一般均衡模型,即“萨缪尔森条件”。该条件说明理论上,公共产品的供求均衡是合理和可能的。萨缪尔森的这些思想对公共产品理论的最终成型具有决定性意义。在形成时期,学者们对公共产品概念和属性的认识逐步深入,并开始注重计量化方法的使用,对政府供给公共产品的模式和资金来源也有了新的理解。

(三)公共产品理论的发展时期

发展时期的公共产品理论研究依然十分活跃。如1965年,美国经济学家布坎南(Buchanan)创造性地提出了“俱乐部产品”理论。他在“纯公共产品”和“纯私人产品”之间加入了“准公共产品”(又称混合产品),并认为这才是实践中公共产品存在的普遍形式。这一理论拉近了公共产品与现实之间的距离,使公共产品理论更具可操作性。美国学者马斯格雷夫(Musgrave)在其1945年的经典著作《财政学原理:公共经济研究》中,提出了“公共经济”理论,详细描述了公共产品的非排他性特征。蒂布特(Tiburt)在其1956年发表的《地方指出的纯理论》一书中构建了一个地方性公共产品模型。公共选择学派则探讨了公共产品供给过程中,公民用脚投票的问题等。总之,这一时期的公共产品理论不仅研究内容更为多元,而且研究方法更加多样,对政府选择、决策及相应政治程序的探讨也更为深入。

尽管公共产品理论历经了漫长的发展与演变,但就何为公共产品始终没有清晰而统一的界定。除了萨缪尔森对它的经典表述外,其他学者也立足不同角度对其概念进行了描述:(1)奥尔森(Mancur Lloyd Olson)从消费的角度认为,“任何产品,如果一个集团中的某个人能够消费它,就不能适当地排斥其他人对该产品的消费，则该产品是公共产品”。[1] (2)巴泽尔(Barzsel)从产权的角度指出：“个人在约束条件下，根据产权界定的边际收益和边际成本，判断产品属于私人产品或公共产品”。(3)当代美国经济伦理学家恩德勒(Georges Enderle)认为“可以更广义地定义公共产品，即把它理解为社会和个人生活以及追求经济活动的可能性的条件”。[2] (4)布坎南(James Buchanan)在《民主财政论》一书中指出，“任何集团或社会因为任何原因通过集体组织提供的商品或服务，都将被定义为公共产品”。[3]

归纳而言，虽然学者们定义公共产品的立足点和侧重点各不相同，但始终未能脱离其本质，即非排他性、非竞争性和满足公共需求。因而，本文认为：公共产品是指同时具有消费的非排他性和非竞争性且能够满足社会公共利益需要的产品。具体可以理解为：

第一，公共产品具有非排他性。按照萨缪尔森的理解及黄恒学等学者的总结，所谓非排他性指：(1)任何人都无法阻止别人消费它，即使有些人有心独占，也会因技术上不可行或成本过高而认为不值得实行；(2)任何人都不得不消费它，即使有些人可能不情愿，却也无法拒绝它；(3)任何人都可以恰好消费相同的数量。他们认为这一点非常重要，否则，如果在某人消费之后，别人消费的可能性就减少了，那么所谓的非排他性也就不存在了。[4]

第二，公共产品具有非竞争性。所谓非竞争性是指“一个人对公共产品的消费不减少、不影响其他人对这种产品的消费，同时，不会带来社会成本的增加，也即新增消费者的边际成本为零”。[5] 这里的边际成本并非指“边际生产成本”，而是指“边际分配成本”，也就是特定数量的某种

[1] 余斌、张钟之：《试析公共产品的本质属性》，载《高校理论战线》2007年第1期。

[2] [美]乔治·恩德勒：《面向行动的经济伦理学》，高国希译，上海社会科学院出版社2002年版，第84页。

[3] 杨美英：《统筹中国公共产品供给研究》，东北师范大学马克思主义理论与思想政治教育学院2008年博士学位论文，第9页。

[4] 参见余斌、张钟之：《试析公共产品的本质属性》，载《高校理论战线》2007年第1期。

[5] 程浩、管磊：《对公共产品理论的认识》，载《河北经贸大学学报》2002年第6期。

公共产品分配给任何一个新增消费者的边际成本都为零,而生产一单位公共产品的边际成本则大于零,因为公共产品的生产也是以资源的消耗和使用为成本和条件的。

第三,公共产品能够满足社会公共利益的需要。马克思主义认为满足社会公共利益的需要才是公共产品的根本属性。所谓公共利益是社会不同阶层、不同利益群体的共同利益。它不是个人利益的简单相加,也不是某特定组织或群体的利益,而是表现为对多数人或团体产生的普遍的非特定的影响。公共利益承载和代表着全体社会成员的共同需求、共同目的和共同意志,因而是一种非排他性的相容的利益。这就意味着新增受益者不会减损、破坏原有受益者的利益。某个人、组织可以享有利益,其他人或组织也可以享有。在马克思看来,公共产品表现出来的消费上的非排他性和非竞争性不是像西方经济学家所认为的那样是"市场失灵"造成的,而是基于"它是社会总产品中满足人与社会存在和发展的基本共同需要部分并直接由社会提供,社会成员个人不用等价付费而共同享用,由此它才在具体消费过程中表现出非排他性、非竞争性等相对于私人产品而言的消费特殊性"。[1] 同时,马克思还非常明确地指出国家是提供这种公共产品与服务,满足社会公共需要的当然主体,这是它必须履行的基本社会管理职能。因为恰如恩格斯所言,"国家在一定程度上就是为了维护社会公共利益的需要而产生的"。[2]

二、公共产品理论与生态福利法律制度

历史回溯并非简单怀旧,公共产品理论的历史发展脉络清晰显示:该理论自产生伊始就不是一个仅仅探讨公共产品概念和属性问题的体系,而是以之为基础对公共产品的供需关系、供给主体、供给方式、供给资金等一系列问题进行分析和论证的理论系统。其中,又以政府供给公共产

---

〔1〕 周明海、贾凯君:《马克思主义公共产品理论及其现实意义》,载《探索》2009 年第 5 期。
〔2〕 同上。

品的必要性和方式为研究重心。生态福利法律制度是以调整政府向社会成员供给、分配高品质生态环境的行为为核心内容的法律规范体系,是将"高品质生态环境"这一公共产品作为一种福利提供给社会成员的必要途径,目的是借助法律的规范和强制功能实现"高品质生态环境"这一公共产品的有效供应,保障社会成员的生态福利权。因此,公共产品理论是生态福利法律制度的重要理论依据。

生态环境属于公共产品范畴。依据公共产品的属性衡量,生态环境既具有非排他性,也具有非竞争性。一方面,生态环境是所有社会成员集体享用的集体消费品,它不是个人所有权的客体,而是全体社会成员的共同财富,对它的消费只能在保持其完整性的前提下,由诸多消费者共同进行,而不可能对其分割消费。也就是说,任何人都不被排除在享受高品质生态环境,获取生态福利的范围之外。如某环境优美的自然生态区域面向的是所有民众,不会因某一位民众观赏、游玩,就排除其他人享受该区域生态环境的权利。另一方面,一个人对生态环境的消费不会减少或妨碍其他人对它的消费,即在生态环境范围既定的情况下,增加一个消费者消费的边际成本为零。仍以上述自然生态区域为例,每个人进入观赏并不影响其他人以同样的方式获取利益,而且新增他人消费的边际成本不增加。不仅如此,高品质生态环境还能满足社会公共利益的需要。在舒适、优美的环境中生活是根植于人之本性的深层次需要。美国心理学家亚伯拉罕·哈罗德·马斯洛(Abraham Harold Maslow)在《人类动机理论》一文中,将人的需求大体分为物质和精神两大类,列分为五个层次:生理需求、安全需求、情感和归属需求、尊重需求、自我实现需求。[1] 五种

〔1〕 所谓生理需要,是维持个体生存和种族发展的需要,也是人的各种需要中最原始、最基本、最需优先满足的一种需要,包括食物、水、排泄和睡眠等;安全需要是个体希望获得稳定、安全、秩序、保障,免受恐吓、焦虑和混乱的折磨等的需要;归属和爱的需要,是个人对友伴、家庭的需要,对受到组织、团体认同的需要;尊重需要是个人对自己尊严和价值的追求,包括希望得到别人的尊重和个人对自己的尊重两个方面;而自我实现,可以归入人对自我发挥和完成的欲望,也就是一种使他的潜力得以实现的倾向。参见[美]亚伯拉罕·马斯洛:《动机与人格》,许金声、程朝翔译,华夏出版社 1987 年版,第 44 ~ 54 页。

需求由低至高排列,逐级上升,呈阶梯状。其中,人的精神需求位于第三个层次,足见其对人类的生存与发展所具有的重要意义。大自然不仅为人类提供水、动物、植物等满足生存所需的物质资源,而且这些形态各异的物质性产品通过自然或人工排列组合形成的整体景观还为人类供给丰富的精神养料。宁静、怡人的环境有助于陶冶人的性情、调适心情,给人以美的享受。“1962 年马斯洛提出了‘高峰体验’这一概念,指人类在进入自我实现和超越自我状态时所感受到的一种极乐的瞬时体验。在其列举的人产生高峰体验的情境和时刻中就包括‘与大自然的交融’,如在森林里,在海滩上,在丛山中。”〔1〕可见,回归自然,享受高品质生态环境是作为自然之子的人类共同的归属需要。尤其在经济发展,生活质量普遍提高的现代社会,已经卸下温饱负担的人们对能带来精神利益的生态福利的需求愈加迫切。这种需求已经不是某一个人或者某几个人的需求,而是凝聚着公共利益的社会共同需求。它“既不是公民的‘单方面愿景’,也不是政府的‘单方面愿景’,是公民和政府的‘共同愿景’,是共同体中所有自然人成员共同追求的共同善”。〔2〕因此,如果高品质生态环境能够被有效提供,就可以满足这种公共需求,维护社会公共利益。综上所述,生态环境具有非排他性、非竞争性,能够满足社会公共利益的需要,属于公共产品。

作为公共产品,生态环境具有不同于其他类型公共产品的特征:

第一,生态环境供给与需求的影响因素更加复杂。“影响一般公共产品需求和供给的因素大致为经济发展水平、收入水平、税收负担、人口因素、宏观经济政策等。”〔3〕生态环境的供给与需求除了直接或间接地受到上述因素的影响外,还受到法律的完善程度、科学的发展程度等不同因素

〔1〕 车文博:《人本主义心理学》,浙江教育出版社 2003 年版,第 141 ~ 148 页。

〔2〕 王小刚:《义务本位论、权利本位论和环境公共利益——以乌托邦现实主义为视角》,载《法商研究》2010 年第 2 期。

〔3〕 闵琪:《从公共品需求到公共品供需均衡——理论与现实》,经济科学出版社 2011 年版,第 58 页。

的影响。以法律的完善程度为例，倘若环境保护法律体系完备，具有约束力和强制力的正式规则得以良好建立，既可以激励社会成员采取集体行动促进生态环境供给正外部性的发展，又可提高某些机会主义行为或自私自利行为的成本，一定程度上消减“搭便车”的现象，进而减少负外部性。再以科技发展的因素为例，科学尤其是自然科学的发展对人类进一步观察和认识生态环境、获取环境信息、了解环境变化、评价环境质量具有重要意义，并为生态环境的有序、有效供给提供不可或缺的技术支撑。生态环境供给与需求影响因素的复杂性导致生态环境供给、分配的效用难以直接测量和衡量，进而影响了公众对自己需求偏好的判断和表达，因此，需要供给者花费更大的精力及时探求公众的需求，以做出正确、及时、合理的供给、分配决策。

第二，与其他公共产品相比，生态环境本身的影响更为深远和广泛。其他类型的公共产品往往在单一维度上对社会成员的生活和发展产生影响。如高速公路仅为人们的出行提供便利，却无法影响其他领域。而生态环境作为一种与人类生存和发展休戚相关的公共产品，不仅影响社会公众的生活品质，而且对社会经济、政治领域的发展也会产生作用。以对经济发展的影响为例，生态环境质量的提升有助于带动生态产业的发展，进而刺激、拉动经济的增长；相反，生态环境状况恶化，则需要投入大量的资金进行治理，不利于经济的良性、健康发展。倘若立足代际这一宏大场域，生态环境质量的优劣还关系后代人生存与发展的利益。

生态福利法律制度是国家通过立法的形式，要求政府将高品质生态环境这一公共产品作为一种福利在社会成员间进行平等、公平的供给和分配，以实现生态环境资源共享，保障社会成员生态福利权的法律规范体系。政府主导是生态福利法律制度的基本运行模式，这一定位正是由生态环境的公共产品属性和特征决定的。

根据公共产品理论，产品供给主要有政府供给和市场供给两种途径。私人产品主要通过市场供给，公共产品则主要由政府供给。原因除了市场机制的缺陷及市场供给可能导致供给不足等失灵现象外，更重要的还在于公共产品本身的属性：(1)正如萨缪尔森所言，公共产品在消费上的非排他性、非竞争性和不可分割性决定了很难将其置于一个有效的价格体系控制它的消费。(2)大卫·休谟在《人性论》中提出“搭便车”的问题时也曾指出，公共产品在消费上的属性使一些未付费者也可以从他人提供的公共产品中获益。由于不希望被“搭便车”，加之公共产品的供给无法获得与市场交换价值相当的利润回报，个人或组织对公共产品的供给和分配基本没有兴趣。(3)政府供给公共产品是满足社会公共利益需要的必然要求。马克思主义认为，国家具有政治统治和社会管理双重职能。政治统治职能主要是维护统治阶级的统治，满足其特殊需要，具有强制性；社会管理职能主要包括“管理社会公共事务和为社会提供公共产品与服务，满足社会的公共需要，具有服务性”。[1] 在马克思看来，国家的“政治统治到处都是以执行某种社会职能为基础，而且政治统治只有在它执行了它的这种社会职能时才能持续下去”。[2] 可见，执行社会管理职能是国家得以长久维系的必要条件。而国家提供公共产品正是执行社会管理职能，满足社会公共需求，维护社会公共利益的重要方式。这些原因为政府供给、分配生态福利提供了充分的理论依据。此外，生态环境不同于其他公共产品的复杂性和影响的广泛性也进一步说明这种特殊的公共产品应当由政府主导供给和分配。

生态福利法律制度以规范政府供给、分配高品质生态环境为核心内容，它通过令政府承担公法上的义务，保障生态福利分配的平等性和公平性，保证高品质生态环境的有效供给。如果该制度没有建立，政府供给、分配高品质生态环境没有成为法定义务，高品质生态环境这一公共产品的效用就难以得到充分发挥，社会成员的生态福利权也无法得到切实的

---

[1] 周明海、贾凯君：《马克思主义公共产品理论及其现实意义》，载《探索》2009年第5期。

[2] 中共中央马克思恩格斯列宁斯大林著作编译局：《马克思恩格斯选集》(第3卷)，人民出版社1995年版，第523页。

保障和实现。据此,公共产品理论为政府主导生态福利的供给和分配提供理论支持,也为其规范化和制度化发展提供理论依据,是生态福利法律制度的重要理论根基。生态福利法律制度则是保障高品质生态环境这一公共产品得以公平、有效供给的有力手段。

第三节　给付行政理论

一、给付行政理论简述

给付行政是行政法学的基本概念,由德国学者厄斯特·福斯托夫(Ernst Forsthoff)在1938年发表的《作为给付主体的行政》一文中首次正式提出。福斯托夫立足国家职能和行政目的的角度,通过"生存照顾之给付理论",分析论证了给付行政的内涵。在他看来,"任何一个国家为了维持国家稳定,都必须提供人民生存之照顾,生存照顾乃现代行政之任务,政治权力的拥有者负有满足人民生存照顾之义务,政府'生存照顾'义务的履行,必然有给付行政"。[1] 给付行政的内容包括"提供有关瓦斯、电气、自来水等供给事业;通信、运输等公用事业;提供满足个人生活所需的设施"。

此后,伴随国家行政的不断完善,给付行政在行政中的地位日渐提升,西方国家纷纷将其作为行政法学的重要内容予以深入研究,给付行政的范围和对象随之不断拓展。法国学者狄骥(Léon Duguit)在《宪法论》中谈道:"这种公共权力绝不能因为它的起源而被认为合法,而只能因为它依照法律规则所作的服务而被认为合法。"[2]该论断被视为法国给付行政理论的雏形。20世纪60年代中期至70年代初期,日本对给付行政理论的研究达到高潮。"按照日本学界通说,给付行政是指通过公共设施、公共企业等进行的社会经济、文化性服务的提供,通过社会保障、公共扶助等进行的生活保护、保障以及资金的支付、助成等,即通过授益性活

---

〔1〕 陈新民:《公法学札记》,中国政法大学出版社2001年版,第48~52页。
〔2〕 [法]莱昂·狄骥:《宪法论》,钱克新译,商务印书馆1962年版,第8页。

动,积极地提高、增进国民福利的公行政活动。"[1]德国学者普遍认为,凡直接促成社会成员利益的行政活动均为广义的给付行政。例如,沃尔夫(Wolf)就将给付行政界定为"以积极地改善社会成员的生活为目的而提供金钱、物品、服务等一系列的行政作用"。[2]

我国对给付行政理论的研究起步较晚。1994年郭润生教授发表的《论给付行政法》为大陆最早对该理论进行系统论述的文章。由于理论研究的落后,目前我国大部分学者对给付行政的认识仍停留在狭义层面,即认为"给付行政就是行政物质帮助,具体指行政主体在公民年老、疾病或者丧失劳动能力等情况下,以及在公民下岗、失业、低经济收入或者遭受天灾人祸等特殊情况下,根据申请人的申请,依照有关法律、法规、规章或者政策的规定,赋予其一定的物质权益或者与物质有关的权益的具体行政行为"。[3] 相较于大陆,我国台湾地区学者对给付行政理论的研究更为深入和成熟。他们将给付行政理解为"有关社会保险、社会救助、生活必需品之供给、举办职业训练、给予经济补助及提供文化服务等措施。此一名词之使用与政治理念有关,乃基于确认过负有生存照顾之义务,进而主张国家应采取行政上措施,改善社会成员之生存环境及生活条件"。[4]

通过对给付行政理论发展的历史梳理和现状考察,可以看出现代意义上的给付行政范围已大大拓展,不再局限于福斯托夫所言的生存照顾,而是一种基于社会公平、造福民众、服务社会的理念,是通过扶持、资助、供给等方式改善社会成员的生存与发展环境,提升其生活质量的行政形态。据此,本书认为"给付行政"又可称"服务行政"或"福利行政",指国家作为给付主体,通过提供资金、物资、服务等授权性活动,保障社会成员基本的生存、生活权利或帮助社会成员获取经济、文化、生态等发展权利,

---

[1] 转引自杨建顺:《日本行政法通论》,中国法制出版社1998年版,第329页。

[2] 何峥嵘:《给付行政的发展与行政法理论、制度的回应》,载《学术论坛》2007年第11期。

[3] 渠滢:《服务型政府建设与政府行为选择——以给付行政的发展为视角》,载《河北科技大学学报》(社会科学版)2011年第4期。

[4] 吴庚:《行政法之理论与实用》(增订8版),中国人民大学出版社2005年版,第14页。

以维持和增进社会公共福利为直接目的的公共行政。它综合体现了现代政府的行政目的、价值和功能、政府职能以及由此决定的非高权的行政行为方式等。其内容具体包括:(1)社会行政,又称社会保障行政,指国家为公民的社会生活提供最低限度保障的行政,如供给社会保险金、社会津贴、抚恤金、失业救济金以及其他社会福利等。(2)供给行政,指国家为社会成员提供日常生活所必需的财物、服务,又分为公共设施和服务供给、公共事业供给两种。前者如修建道路、公园等,后者如发展煤气、电力、邮政、广播事业等。(3)资金补助行政,指行政主体对行政对象从事公益活动所支出的资金予以补助的行政,如补助金、出资、融资等。

给付行政理论是伴随个人生存与发展对行政依赖程度的逐步提升,政府由消极行政向积极行政转化的结果,是现代政府责任与公共服务理念的彰显,是福利国家和法治国家实践的反映。其主要内容可以概括为:

第一,给付行政理论以维持和增进社会公共福利为直接目的。步入现代社会,政府职能显著扩张,行政权力几乎触及社会生活的各个角落。此时,政府给付行政的范围不再禁锢于最初的"生存照顾",而是包括了设立公共设施,发展公用事业,为广大民众提供社会、经济、文化性服务及相应的资金助成、保障等。"发展照顾"甚至"享受照顾"成为新时期政府职能的重要内容。给付对象也由原来的特殊困难群体扩展至全体社会成员。政府既对陷入生活困境的公民个体给予必要的物质扶助,也为生活无虞的其他社会成员提供公共设施和服务。给付行政已然由之前服务个别群体的"小给付"发展为以提升社会成员的生活质量,服务社会,增进公共福利为目的的"大给付"。

第二,社会成员的生存和发展权与政府的义务和责任构成给付行政理论对立统一的两个方面。从宪法和行政法的角度来看,国民有要求国家保障其生存和发展的权利,国家负有满足国民这种要求并实施相应活动的义务和责任。这是给付行政理论的核心和本质。给付行政于国民而言,指其应得的帮助和权利;于政府而言,指其应尽的义务和责任。

生存与发展是人类社会的两大主题。生存权是人之为人并维持自己生命最起码的权利。社会成员享有生存权意味着其有权获得“适当的食物和营养、穿衣、住房和必要的关爱照管的条件。与此权利密切相关的是获得帮助权”。[1] 当某些人的生存尚不能保障,其立足于世的尊严就无从谈起,作为社会成员基本权利的维护者——国家有义务为之提供最低生活救助,通过公共卫生、医疗、物质资助的供给,使位于弱势地位的群体获得合乎人道的生活保障,从而化解社会贫困化危机,保证社会成员即使身处困境仍能维持基本生存。“时代的进步和社会文明程度的不断提高,必将使人类满足最低限度生存需要的权利得以逐步实现,而随着这一进程的加快,发展权将日益成为人类社会发展及调控社会关系的法律所关注的重心”。[2] 政府给付行政的范围也随之不断延伸,积极主动地促进社会政治、经济、文化、环境等各个领域的协调共进成为新时代政府义务与责任的当然内容。边沁(Jeremy Bentham)认为:“政府唯一应当追求的目标是社会最大可能的幸福。”[3] 现代政府不仅要承继传统国家维持社会秩序和国家安全秩序的功能,也必须承袭生存保障的功能,还需要同时担负其推动社会发展,保证社会成员平等、公平享受发展成果,提升社会公共利益的义务和责任。

给付行政理论中权利日渐成为权力的目的,社会成员的权利观念和参与意识逐步得到强化。行政给付不再是政府对社会成员的一种恩赐,而是基于社会成员的生存与发展权利。社会成员的生存和发展权与政府的义务和责任彼此关联,相互影响。一方面,前者是后者的目的和标准,并左右和影响着后者的范围、力度、属性和内容;另一方面,后者能否履行以及履行程度也影响并决定着前者能否切实得以实现。

---

〔1〕 [挪]A. 艾德、[芬]C. 克罗斯、[比]A. 罗萨斯:《经济、社会和文化的权利》,黄列译,中国社会科学出版社 2003 年版,第 16 ~ 17 页。

〔2〕 汪习根:《法治社会的基本人权》,中国人民公安大学出版社 2002 年版,第 236 页。

〔3〕 陈婴虹:《论政府行政方式转变下的给付行政》,载《安徽工业大学学报》(社会科学版) 2010 年第 6 期。

第三，给付行政理论是一种服务行政理论。给付行政是“提供给人民给付、服务或给予其他利益的行政作用”。[1]“虽然福斯托夫提出的‘生存照顾’概念……已不能再享有最高学术价值之评价，但并不妨碍现代国家及行政已经融入深厚的‘服务’观念。今日，民众及学术界无不认为国家应该是一个服务全民的‘服务国家’。”[2]给付行政作为一种理念，最终表现为以服务行政的行为模式影响政府履行法定给付义务的方式。在与相对人的关系中，政府不再是高高在上的管理者，而是服务者，负有应相对人的要求，提供相应服务的义务。相对人也不再是行政权力的服从者，而是被服务的对象，享有要求政府提供服务的权利。政府与相对人之间所呈现出来的这种新型给付关系的特点也使政府的行为模式发生了重大变化——传统的行政处罚、行政强制等高权管理手段越来越多地受到法律的限制和规制，取而代之的是资助、奖励、拨款、投资、行政指导、行政调解等柔性、抚摸式的行为方式。实践中，这些富有弹性的政府行为模式基本上不会受到任何强烈的抵制和阻碍，从而能够以无可比拟的优势，从技术层面强化给付行政的效果，以一种独特权力技术的方式拉近与社会公众之间的距离，以便更加准确、及时地了解民众的需求和意愿，使政府对给付过程中发现的潜在的和外显的社会问题和公众的需求做出恰当、合理的反应和回复。

二、给付行政理论与生态福利法律制度

生态福利法律制度与给付行政理论关联密切。政府供给、分配生态福利属于典型的供给行政，是在社会成员基本权利扩张基础上，政府职能演进的结果，是新时期给付行政的重要内容。给付行政理论为生态福利法律制度提供逻辑前提，生态福利法律制度则为给付行政理论提供制度上的转化途径。

---

〔1〕 翁岳生：《行政法》，中国法制出版社2002年版，第29页。

〔2〕 陈新民：《公法学札记》，中国政法大学出版社2001年版，第89页。

政府供给、分配生态福利是其职能演进,义务和责任显著扩张的产物,是新时期给付行政不可或缺的基本内容。给付行政是伴随西方福利国家的起源而产生并发展的,最初表现为政府主持慈善事业,对生活贫困者给予必要救助。当时的社会,疾病、盗匪、失业等各种社会痼疾屡见不鲜,人们迫切需要国家政权的干预和调控。于是,万能的警察国家出现。这个时期,国家被视为是全能的,有官权而无民权,社会成员根本没有合法权利维护私人利益,更不可能享有请求国家给付或要求其积极作为的公法上的权利。18 世纪以后,饱受压迫和强制之苦的广大民众纷纷要求加强立宪,限制国家权力,保障社会成员的基本权利,并奉行"管得最少的政府是最好的政府"。在此背景下,"夜警国家"出现。虽然此时的政府也会履行给付义务,但往往带有"赏赐"或"施舍"的性质,并非基于社会成员的基本权利。进入 20 世纪以后,资本主义工业化和都市化的飞速发展给人们的生活带来了前所未有的冲击——交通、环境污染、养老育幼等各种社会问题纷至沓来。人们转而重新需要国家对社会发展进行更多的管理和调控。顺应历史发展的潮流,政府开始以积极的态度介入社会成员的生活,充分发挥给付功能,以保障社会成员的基本生活水平及增进相关福利,福利国家由此产生。"在福利国家时代,社会成员从政府处得到福利给付不再是一种恩赐,而是一种法律上的权利,行政机关的积极作为不再是道义责任,而是法律责任,公众有权依据法律予以追诉。"[1] 现代社会,政府被进一步赋予促进社会公平和增进国民福祉的神圣职责。行政干预的范围不再局限于政治、经济领域,而是向文化、社会、特别是环境领域延伸。伴随发展权向生态环境领域的拓展,人们享受生态福利的权利日益受到政府的关注和重视。积极供给、分配生态福利已经成为政府给付行政的重要内容。这是政府为保障社会成员的生态福利权这一新兴权利而应当履行的义务和责任。社会公众有权要求政府平等、公平供给

---

〔1〕 谭剑:《给付行政下的政府不作为责任》,载《学术论坛》2010 年第 5 期。

和分配生态福利，如果政府拒绝，则构成行政不作为，社会成员有权依据法律获得救济。

由于政府供给、分配生态福利是现代给付行政的基本内容，因此生态福利法律制度必然以给付行政理论为源头。换言之，给付行政理论为生态福利法律制度提供逻辑前提和正当性基础。没有给付行政理论的支撑，生态福利法律制度就会因失去核心和基本骨架而沦为虚空。与此同时，生态福利法律制度为给付行政理论提供制度上的转化途径。从立足普遍性与特殊性关系的角度分析，给付行政理论是一种形而上层面的抽象理念，而生态福利法律制度则是与之相应的、形而下的、具体的规范体系。生态福利法律制度从具体层面体现着给付行政理论的精神特质，是给付行政理论在环境法领域的表达和实现，具体表现在：

首先，生态福利法律制度以维护社会整体生态福利为价值指向。生态福利具有公共性，属于典型的公共福利，承载着公共利益。满足公共需求，维护公共利益是政府给付行政的基本功能。公共性的蕴含十分丰富。就主体数量层面而言，它涉及不特定多数人的利益；就形式层面而言，指由公共管理部门，通常是政府为不特定多数人提供服务；就宗旨而言，具有实现公共利益的价值取向；就特性而言，具有国家行政性，是社会生活得以维系的必要条件。哈贝马斯(Jürgen Habermas)曾言，国家是“公共权力”机关，它之所以具有公共性，因为它肩负着为全体公民给付幸福这样一种使命。[1] 公共性显现了一种主体共有、共用、共享的性质。一方面，作为公共利益的代表和维护象征意义的国家只有借助政府这一中间环节才能形成现实的公共性存在，满足各种形式的公共性要求。另一方面，政府只有切实维护和体现公共性，才能从根本上推进公共利益的实现以及捍卫国家利益。实现以社会整体为基础的，承载着公共利益的生态福利最大化是政府供给、分配生态福利的基本目标。生态福利法律制度就是

---

〔1〕 参见周建东：《“公共性”视野下的政府信息公开研究》，山东大学政治学与公共管理学院 2007 年博士学位论文，第 27 页。

通过规范、约束政府供给、分配生态福利的行为，保证社会成员共有、共用、共享高品质生态环境。它要求政府在配给生态福利的过程中，尊奉平等、公平的理念，切实履行相关职能，积极致力于与相关主体开展广泛合作，从根本上保证整体生态福利的最大化，这集中反映和体现了给付行政理论增进公共福利的目标。

其次，生态福利法律制度以社会成员的生态福利权与政府供给、分配生态福利的义务和责任为核心。作为发展权的具体化和延伸，生态福利权是社会成员请求政府供给、分配高品质生态环境的权利。政府行政给付的状况及相应的制度构建对生态福利权的实现至关重要。这就要求政府对生态福利权的保护不仅仅是消极地不予妨碍，而是通过架构能动的权力运作机制，以及积极履行供给、分配生态福利的义务促进社会成员生态福利权的实现和公共利益的提升。生态福利法律制度是通过规制政府建设良好生态区域、进行非环境污染生态修复等生态福利供给行为和免费或低费分配生态福利的行为，保障社会成员要求政府积极作为的权利，并通过设置生态福利权利救济模式引导政府积极履行义务，使人与社会的和谐发展真正成为政府的终极关怀。这是给付行政理论中，社会成员的生存和发展权与政府的义务和责任之对立统一关系的具体体现。

再次，生态福利法律制度要求政府设置以公共服务为主导的目标模式。目标模式是围绕目标的确定及其实现、评价进行政府职能设置的模式，它反映了政府职能调整与改革的最终指向。20世纪末，罗伯特·登哈特(Robert B. Denhardt)提出“新公共服务”理念，指出，“政府的职能是服务，而不是‘掌舵’；公共利益是目标而非副产品；在思想上要具有战略性，在行动上要具有民主性；为社会成员服务，而不是为顾客服务；责任并不简单；重视人，而不只是重视生产效率；社会成员的基本权利和公共服务比企业家精神更重要等”。[1] 可见，公共服务应当成为政府职能的主

---

〔1〕［美］珍妮特·V.登哈特、罗伯特·B.登哈特：《新公共服务：服务，而不是掌舵》，丁煌译，中国人民大学出版社2004年版，第7~10页。

要内容和目标。从政府的本质属性来看,政府职能的公共性源于社会主体的公共性。社会契约理论认为,政府的权力来源于社会成员共同达成的契约,源自社会成员直接或间接的授权,公众对政府的拥戴、支持和认同是政府给付行政的基石和源泉。我国《宪法》第2条也明确规定,“中华人民共和国的一切权力属于人民”。政府享有的公共治理权威是社会成员让渡部分权利,委托政府行使的结果。因此,政府就应当代表民众行使公共权力,承担公共责任,寻求公共利益的最大化。从这个意义上说,政府为社会公众提供具有普适性的、平等的、优质高效的公共服务是义不容辞的责任。生态福利是一个集合体,其蕴含的公共性在社会不同区域和治理层级上均存在质与量的差别,要衡平生态福利享用的层级差,推进生态福利的可持续供给必须依赖政府以公共利益为基础的公共服务职能的充分发挥。生态福利法律制度要求政府将履行配给生态福利的义务和责任,提供包括基础设施建设、资金支持、信息输送等相关公共服务视为职能工作的首要目标,这也是给付行政理论服务性的具体要求和体现。

最后,生态福利法律制度要求政府以回应公众的生态福利需求为职能结构安排。登哈特在阐释其“新公共服务”理念时特别谈道:“一方面,政府机构要求在进行服务时要保持最高的效率;另一方面,公共组织是为公共利益而运作,必须反映服务对象的需求及期望”。[1] 公众的意愿通过公众需求反映和体现。这就要求政府在处理公共事务时,要把相当的精力和资源集中于如何提升对公众需求的回应能力方面,以切实维护公共利益。这一点同样适用于政府配给生态福利的过程。政府向民众供给、分配生态福利的目的在于改善社会成员的生存环境,提升其生活品质。唯有以公众的生态福利需求为出发点和落脚点,才能从根本上保证上述目的的实现。现实生活中,公众的需求是多层次、多元化的。生态福利法律制度要求政府不仅要对基于自身职能在生态福利配给过程中发现

〔1〕 [美]罗伯特·登哈特:《公共组织理论》,项龙、刘俊生译,华夏出版社2002年版,第9页。

的潜在的和外显的社会问题和公众需求做出反应和回复，而且对政府做出的影响或损害民众生态福利的行为也应承担相应的法律责任，理论上称之为责任性政府回应，更进一步，政府还需要高瞻远瞩，超越民众的短期利益，引领公众需求向更深层次挖掘，即对公众的生态福利需求做出前瞻式回应，这也是给付行政理论服务性的应有之义。

第三章　发达国家生态福利法律制度的考察与启示

20 世纪中后期,伴随生产力的发展和人口的不断增加,人类对环境资源开发利用的规模和强度越来越大,向环境排放的污染物日益增多,环境问题愈加尖锐,环境危机迅速向全球蔓延,并成为影响生态系统平衡,危及人类生存与发展及社会和谐稳定的主要因素。高品质生态环境于人类而言成为一种弥足珍贵的“奢侈品”。在此背景下,人类不得不认真反思自身的行为,重新审视人与自然的关系,世界各国纷纷掀起了环境保护运动的热潮。生态福利法律制度正是人们在应对全球性环境危机、协调及促进人与自然的关系过程中逐步形成并发展起来的新型法律规范体系。就本质而言,环境危机是人类没有正确认识和妥善处理人与自然的关系,进而实施了过度污染和破坏环境的行为所引发的。而生态福利法律制度正是要妥善处理人与自然的关系,通过强化政府供给、分配生态福利的义务和责任,加强对环境资源的保护,保障人类享受高品质生态环境的权利。生态福利的发展源起于发达国家,其在生态福利法律制度建设方面走在了世界前列,相关国际公约是生态福利法律规制的重要理据。他山之石,可以攻玉。本章重点考察、分析发达国家生态福利法律制度的建设状况及其经验、启示,为我国生态福利法律制度的完善提供有益借鉴。

第一节 发达国家生态福利法律制度的考察

一、生态福利法律制度的国际法简况

生态福利权是生态福利法律制度的核心,是环境权的具体化。在国际环境法的发展史中,对环境权(包括生态福利权)的确认以及在此基础上的学术研究催生了生态福利法律制度。

1960年一位西德医生向欧洲人权委员会提出控告,认为向北海倾倒放射性废物的行为违反了《欧洲人权公约》中关于保障清洁、健康、卫生环境的规定。此一控告首次提出了环境权的主张,并引发了是否要将环境权追加入欧洲人权清单的争论。1962年伴随美国学者蕾切尔·卡逊(Rachel Carson)《寂静的春天》一书的问世,美国社会掀起了一场关于环境权的大讨论,很多人主张在良好的环境中生活是人之为人的一项重要权利。20世纪70年代初,国际法学者雷诺·卡辛(Leno Cashin)向海牙研究院递交了一份报告,其中谈到人类不仅享有在健康的环境中生存的权利,而且还有享受舒适、优雅环境的权利,该权利应纳入人权原则。虽然卡辛并未明确提出生态福利权的概念,但其在超越健康这一生存范畴之上享受舒适、优雅环境的理念已经体现了生态福利思想的萌芽。1970年国际社会科学评议会在日本东京召开了"公害问题国际座谈会",会后发表的《东京宣言》第5条指出:"我们请求,把每个人既有的健康和福利及不受侵害的环境权和当代人传给后代的遗产作为一种富有自然美的自然资源的权利,作为一种基本人权,在法律体系中确定下来。"其中,每个人享有在福利等要素不受侵害的环境中生活的权利以及负有自然美的自然资源的权利明显是一种超越健康层面,享受更高品质环境的权利要求,即生态福利权的要求。从《东京宣言》的规定来看,该权利是环境权的重要内容。1972年6月联合国在瑞典斯德哥尔摩召开的人类环境大会通过的《人类环境宣言》宣布:"人类有权在一种能够过尊严和福利的生活的环境中,享有自由、平等和充足的生活条件的基本权利,并且负有保证和

改善这一代和世世代代的环境的庄严责任。"[1]同时,《人类环境宣言》进一步指出:"地球上的人类在长期的进化过程中,充满了苦难,由于科学技术高速度的进步,用无数方法和史无前例的规模得到力量,才使人类到达一个变更自己环境的阶段。原来自然状态的环境和被人改造过了的环境,对于人类享受福利、基本人权甚至生存权利,是至为重要的。"[2]这是对环境权(包括生态福利权)予以正式确认的国际法文件,同时也是对生态福利法律制度规定的较为系统的国际法文件。相较之前的国际公约,《人类环境宣言》更加强调环境权(包括生态福利权)主体的整体性。它所关心的是人类整体的环境,而不是个人房前屋后的具体环境。"正因为是人类整体环境,所以它的保护和改善,才关系到全世界各国人民的幸福和经济发展(《人类环境宣言》第2条)"。[3] 这一定位也为"生态福利权的受益对象为全体社会成员"提供了国际法依据。1986年世界环境和发展委员会(WCED)法律专家小组出具了一份《关于自然资源和环境冲突的一般原则的报告》,该报告申明:"任何人有权享有作为健康和福利之充分保障的环境权。"这就不仅明确认可了环境权,也再一次肯定了生态福利权。1989年联合国环境会议起草的《海牙宣言》进一步延伸和发展了1986年的报告,该宣言强调:采取恰当和积极的措施缓解生态危机,不仅仅是保护生态系统的基本义务,而且也是人类维护尊严、福利和可持续的全球环境的权利。1992年联合国在巴西里约热内卢召开的"世界环境与发展大会"通过了《关于环境与发展的里约宣言》,宣言在第1条就重申了《人类环境宣言》所确立的原则:人类享有与自然和谐共生的、健康的和有价值的生活的权利。[4] 1998年6月25日35个来自欧洲和中亚的国家在丹麦奥胡斯签署了《奥胡斯公约》。此公约被视为世界上规定环境权(包

---

〔1〕 *Declaration on Human Environment*, princ. 1, 1972U. N. Doc. A/. CONF. 48/14/Rev. 1, Accessed May23, 2018. http://www.unep.org/Documents/Default.asp? DocumentID = 97.

〔2〕 蔡守秋:《环境权初探》,载《中国社会科学》1982年第3期。

〔3〕 徐祥民:《环境权论——人类发展历史分期的视角》,载《中国社会科学》2004年第4期。

〔4〕 *Rio Declaration on Environment and Developmen*, U. N. Doc. A/. CONF. 151/5, 1992, p. 1.

括生态福利权）最深入、最具体、最完善的公约。它在序言中明确宣布，“确认充分保护环境既是人类福祉的关键，又是享受包括生命权本身在内的各种基本人权的关键；并确认每个人既有权在适合其健康和福祉的环境中生活，又有责任单独和与他人共同为今世后代保护和改善环境”。在具体的条文中，《奥胡斯公约》还强调：“为促进保护今世后代人人得在适合其健康和福祉的环境中生活的权利，每个缔约方应按照本公约的规定保障在环境问题上获得信息，公众参与决策和诉诸法律的权利（第 1 条目标）。”该公约不仅确认了环境权（包括生态福利权）的原权和基本人权性质，而且将环境知情权、参与权和诉权作为环境权的从权。既明确了环境权的基本内容和重要性，也规定了实现环境权的法律途径和具体措施。《奥胡斯公约》缔约方大会专门制定了《你享有健康的环境权：公约的简明指南》，在这个指南中再次明确肯定了个人环境权和生态福利权。此后，其他国际公约也不同程度地肯定了生态福利权，有力地推动了生态福利法律制度的发展。

伴随生态环境问题全球化影响的不断加剧以及国家主权原则在环境法领域的拓展和延伸，国家或政府的环境保护和改善义务，逐渐成为国际环境法中生态福利法律制度的重要内容。如《人类环境宣言》第 2 条就申明：“保护和改善人类环境是各国政府的责任。”1974 年，联合国大会通过的《各国经济权利和义务宪章》强调：“为了今后和后世而保护、维护和改善环境，是所有国家的责任。”在国际法漫长的发展历程中，环境保护一直没有作为国家或政府的义务和责任，只是伴随国际环境问题的日趋尖锐以及环境保护的兴起与发展，环境保护才逐渐被国际法确认为政府的基本义务和责任。这无疑是当代国际法的一大进步。这一进步为政府维护高品质生态环境，供给、分配生态福利，进而保障社会成员的生态福利权提供了直接的国际法律依据，极大地丰富和扩展了生态福利法律制度的内容。

二、美国生态福利法律制度的考察

美国是生态福利法律制度较为完善的国家之一。考察美国的生态福利法律制度不难看出，在法律规制形式上，它既有保护生态福利的一般性法律，又有调整生态福利供给、分配等具体社会关系的专门性法律。在明确将环境权(包括生态福利权)入宪的基础上，其完善的生态福利供给制度、科学的生态福利分配制度及完备的生态福利救济制度都彰显了美国政府主导性的生态福利法律制度模式和特征，值得借鉴。

在对环境权(包括生态福利权)给予法律确认和保障的问题上，美国始终态度积极。早在1969年，美国国会通过的著名的《国家环境政策法》就开明宗义地指出："本法的立法目的是宣布一项鼓励人同他所在的环境之间建设性的和愉快和谐关系的国家环境政策；推动为预防或消除对环境和生物圈的损害所做的努力并促进人类健康和福利；深化对国家至关重要的生态系统和自然资源的认识和建立国家质量委员会。"[1]其后，又在第1节c条重申："国会认为，每个人都应当享受健康的环境。"《国家环境政策法》将立法目的定位在"推动为预防或消除对环境和生物圈的损害所做的努力，促进人类的健康和福利"，并强调"每个人都应当享受健康的环境"，实际上就是对生存意义上的、初级层面的环境权及"促进人类福利"的、高级层面的环境权——生态福利权做出的宏观性、原则性规定。与此同时，它还突出政府在环境保护中的作用，主张建立国家质量委员会，有力推动了各州类似的立法。受该法的影响，美国若干个州的立法机关纷纷修订州宪法，增补了环境权条款。这些条款对《国家环境政策法》的规定予以了细化和补充。大部分州宪法的环境权条款都涉及了生态福利权的内容。如《宾夕法尼亚州宪法》第1条第27款规定："人民拥有对于清洁的空气和水和保存环境的自然的、风景的、历史的和美学的价值的权利。宾夕法尼亚州的公共自然资源是全体人民包括其后代的共同财产。作为这些财产的受托管理人，州政府必须为全体人民的利益而保护和保持它们。"《伊利诺伊州宪法》第11条规定："州的公共政策和每个人

[1] 金瑞林、汪劲：《20世纪环境法学研究评述》，北京大学出版社2003年版，第348页。

的义务是为当代人及其后代的利益而提供并保持有利健康的环境。立法院必须以法律规定这些公共政策的贯彻和执行。"《纽约州宪法》第14条第4款规定："本州的政策是保存和保护环境的风景美和自然资源，并鼓励为生产粮食和其他农产品而开发和改善她的农业土地。为贯彻这项政策，立法机关必须作出充分的规定以减轻空气和水污染，减轻过量和不必要的噪声，保护农业土地、湿地和海岸线，开发和管理水资源。"《弗吉尼亚州宪法》第11条第1款规定："为人民享有清洁的空气和水和为娱乐而利用和享受充分的公共土地、水体和其他自然资源之目的而保护、开发和利用自然资源、公共土地、历史遗迹和建筑物是州的政策。此外，为本州人民的利益而保护大气、水体和土地免遭污染、损坏或毁灭亦为本州之政策。"[1]其中，《伊利诺伊州宪法》主要在"有利健康"这一生存层面规定了环境权，《宾夕法尼亚州宪法》、《纽约州宪法》和《弗吉尼亚州宪法》都不同程度地对生态福利权给予了肯认。虽然这些条款均未使用"生态福利权"的概念，但《宾夕法尼亚州宪法》规定的"人民对环境的、风景的、历史的和美学的价值享有的权利"，《纽约州宪法》规定的"保存环境的风景美"，以及《弗吉尼亚州宪法》规定的"人民为娱乐而利用环境的权利"都属于高于生存层面，人们享受舒适、美学等高品质环境的权利，并且规定州政府有义务为全体人民的利益保护它们。换言之，人民享有请求州政府供给这种高品质生态环境的权利，可见，其本质就是一种生态福利权。美国各州宪法对生态福利权的间接性、宏观性规定为其生态福利法律制度体系的建构和完善夯实了基础。

（一）完善的生态福利供给制度

美国十分重视政府在环境保护和高品质生态环境供给方面的义务和责任。《国家环境政策法》一方面宣布了国家的环境政策和目标，另一方面在总统办公厅之下设立国家环境质量委员会，作为监督政府行政机关

[1] 王曦：《试论美国联邦和州宪法在环境权问题上的发展》，载《武汉大学学报》（哲学社会科学版）1992年第3期。

履行环境保护和供给职责的外部力量。[1] 该法第 102 条(2)(c)款规定,在联邦政府所有行政机关的提议立法或其他对人类环境质量有重大影响的重大联邦行动的建议或报告中,必须由负责官员向环境质量委员会提交一份包括关于以下各项内容的详细说明:(1)所建议行动的环境影响;(2)实施该建议将引起的任何不可避免的不利于环境的影响;(3)对所建议行动的替代方案;(4)地方上对人类环境的短期利用和维持和提高长期生产之间的关系;(5)实施该建议所可能引起的任何对资源的不可扭转的和不可恢复的消耗。作为"提高人类环境长期生产能力",保证生态福利有效供给的重要举措,国家公园的建设和管理是环境质量委员会的重点监督领域。在联邦内政部的国家公园署等行政机关的努力和环境质量委员会的强力监督下,美国国家公园的发展取得了引人注目的成就,国家公园制度也成为其生态福利供给制度的亮点和核心内容。

国家公园是以生态环境、自然资源保护和适度向游客开放为基本模式,具有生态环境资源全民共享、国民认同感和幸福感培育等多重功能,既能达到保护生态系统完整性的目的,又为社会公众提供休闲、娱乐、享受生态福利的场所,是一种能够妥善处理生态环境保护和居民生态福利同享之间关系的行之有效的管理和保护模式。

"国家公园的出现可追溯到人们对'荒野理想'的认知历程上。"[2] 美国政府较早地认识到,不受人类干预的荒野性原生自然空间很大程度上只是一个理想化的世外桃源,而不是一个确切的自然实在,因而政府的干预和作用就显得十分必要。1872 年在美国国会的大力推动下,黄石地区被设置为"国家公园","美国成为人类历史上首个因景观价值而将土地

---

〔1〕 参见骆建华:《美国的环境立法与执法》,载《世界环境》2000 年第 3 期。

〔2〕 John Rennie Short, *The Idea of Wilderness*, Journal of Rural Studies, 1991, p. 472.

划归国有的国家”。[1] 自此,陆续建成的国家公园成为彰显美国民族风情,推动居民与自然景观的互动,实现生态福利全民同享,催生人与自然和谐交融共同体的独特文化景观。

作为世界上最早成立国家公园的国家,美国的国家公园系统建立在完备、发达的法律规范体系之上。条理清晰、层次鲜明是对美国国家公园法律体系最为恰当的形容。1916 年制定的《国家公园基本法》是该体系中位于核心地位的法律,它详细规定了美国国家公园的基本职能。在基本法之下,既有针对国家公园体系发展与完善的整体立法,如《国家公园综合管理法案》《总管理法》《国家公园及娱乐法案》《国家公园管理局特许事业决议法案》等,又有针对各个国家公园自身特色制定的专门立法。从范围上看,这些法律法规几乎囊括了联邦法案、行政命令、规章、计划等宏观至微观的各个层次;从类别上看,又包含了基本法、授权法、单行法和部门规章等 20 多个不同类型的所有法令。值得一提的是,几乎每个国家公园都有自己的法律,这在相当程度上保证了国家公园的管理有法可依。不仅如此,国会还根据国家公园体系中各个单位出现的新状况、新问题不断以议案形式进行立法。联邦各机构也不断围绕国家公园整体建设和个体发展出台新的规定,并通过联邦公报及时向社会公布。国家公园管理局统一管理是美国国家公园在管理方面的一大特色。一方面,该管理局的设立及各项政策的制定均以联邦法律为依据,并受到管理程序、环境资源保护等多方面法律,如《国家公园管理局组织法》(1916 年)、《国家公园系列管理法》(1998 年)等的约束;另一方面,它又以管理方针的形式对每个具体的国家公园单位进行指导,每个公园单位必须贯彻落实管理方针的精神和内容。管理方针的内容涉及自然资源、历史资源的保护及土地使用特许权转让等多个面向。国家公园管理局会定期或不定期地通过局长令的方式对管理方针的内容进行更新和细化,“如《第 9 号局长令》是关

[1] 张海霞、汪宇明:《旅游发展价值取向与制度变革:美国国家公园体系的启示》,载《长江流域资源与环境》2009 年第 8 期。

于执法计划与执法行为守则的,《第20号局长令》明确国家公园同其他机构签署书面协议的要求,《第25号局长令》是关于土地保护和土地获取代理授权的等”。[1]

总之,美国国家公园制度是一个由《黄石国家公园法》(1872年)、《历史纪念地保护法》(1964年)、《国家公园及娱乐法》(1978年)、《红木修正案》(1978年)等60多部法律法规组成的庞大法律规范体系(见表3.1),[2]具有立法早、立法层次高、法律体系完备、法律实施程度高的特点。美国联邦政府、国家公园管理局等相关行政机关的工作,大到宏观规划和目标的制定,小到具体项目的审批等事项,无一不是在法律的约束下进行。在完备的国家公园制度的基础上,美国政府还通过强化对野生动物庇护区、濒危物种保护区等特殊区域的保护和管理不断完善生态福利供给制度。

表3.1 美国国家公园法律体系

横向立法	自然与环境序列	《国家环境政策法》《联邦洞穴资源保护法》《土地与水资源保护基金法》《露天采矿与恢复法》《联邦水资源控制法》《濒危物种法》《美国综合环境反应、赔偿与责任法》《清洁空气法》《杀虫剂、杀霉菌剂和灭鼠剂法》《石油污染法》《水资源污染控制法》《海岸地区管理法》《地热蒸汽法》《矿产租赁法》等
	文化及其他序列	《美洲土著墓地保护及修复法》《博物馆法》《纪念作品法》《考古资源保护法》《国家公墓法》《联邦土地游憩加强法》《全面拨款法》《美国残疾人法》《消除建筑障碍法》
	系统核心立法	《组织法》《国家公园系统一般授权法》

〔1〕 刘红纯:《世界主要国家国家公园立法和管理启示》,载《中国园林》2015年第11期。

〔2〕 参见杨建美:《美国国家公园立法体系研究》,载《曲靖师范学院学报》2011年第4期。

续表

纵向立法	系统类型立法	《历史地、建筑与古迹法》《原生及风景河流法》《入境国家游憩区法》《国家历史保护法》《公园、景观廊道及娱乐区研究法案》《国家步道法》《荒原法》等
	系统管理立法	《公园矿业法》《公园志愿者法》《国家公园系统资源保护法》《国家公园空中旅行管理法》《国家公园综合管理法》《国家公园特许经营管理改进法》等
	区域性立法	《阿拉斯加国土保护法案》《加利福尼亚荒原法案》

（二）科学的生态福利分配制度

美国的生态福利分配制度是以环境税收为基本保障，以国家公园等良好生态区域免费或低费开放为核心方式的法律规范体系。

20世纪70年代之前，美国政府倾向于使用直接行政管制的方式保护环境、分配生态福利，为此建构了一套严格的行政管控法律法规体系，收到了良好的效果。但是，伴随环境问题的日趋复杂化，这种强制性管理手段不灵活、效率低、支出巨大等缺点逐渐暴露。于是，70年代以后，美国开始尝试将间接调控手段——税收引入环境领域，主要目的在于加大政府财政收入，为优化生态环境质量，实现良好生态区域的免费或低费开放累积资金。自1971年美国国会第一次提出硫化物排放征税议案之后，政府先后开征了10余种有利于环境保护的税种，并通过国家立法的形式将其法律化、制度化，形成了一个较为完整的环境保护税收法律体系。主要内容包括：

第一，燃油消费税，简称燃油税。美国是世界上较早开征燃油税的国家，其相应的税收政策比较发达。自1919年俄勒冈州征收汽车燃油税伊始，至1929年美国所有州都已开征燃油税，联邦政府于1932年开始征收该税。征收对象主要包括汽油、煤油、柴油、特殊燃料等。该税实行定量征收,但各州具体的征收办法各不相同,“如汽油税,对销售终端(加油站)征税的有18个州,对第一进口商(包括从其他州输入)征税的有3个州,对分销商征税的有29个州以及华盛顿特区”。[1] “联邦和州燃油税的平均税率为汽油每加仑42美分、柴油每加仑48美分”。[2] 在燃油价格中燃油税占据很大比例,大部分州还在燃油税基础上征收附加销售税。征收上来的税款实行专款专用,用于基础设施建设和形成信托基金。燃油消费税明显体现了对环境的积极影响,它鼓励广大消费者购买清洁、节能汽车,从而有助于减少废弃物的排放,显著改善空气质量,促进高品质生态环境的生成。

第二,对损害臭氧层的化学品征收消费税,又称氯氟烃税。1987年达成的《蒙特利尔议定书》要求各缔约国减少氯氟烃类(CFCs)和其他耗臭氧物(ODS)的生产和消耗。作为《蒙特利尔议定书》的缔约国,美国不仅在《清洁生产促进法》中对氯氟烃类(CFCs)物质进行源头控制,禁止生产,而且于1990年1月1日从量计征氯氟烃税(ozone-depleting chemical tax)。“税率从1993年3.35美元/镑氟利昂上升到1995年的5.35美元/镑氟利昂,此后每年又以45美分的速度递增。”[3] 该税种“减少了泡沫制品对氟利昂的使用”,[4] 极大降低了化学品臭氧损害系数,对提升环境品质具有不可替代的优越性。

第三,形成“超级基金”的税收。美国针对不同对象征收的环境税形成了多种基金,其中化学原料消费税、汽车消费税、公司所得附加税收入共同形成了“超级基金”。该基金主要用于处理已经倾倒的废弃物,属于保护环境、提升环境质量的专项基金。化学原料消费税是以化学原料的生产者和进口商为征税对象,以42种化学原料为课税对象的独立税种,

---

[1] 秦鹏:《生态消费法研究》,法律出版社2007年版,第294页。

[2] 刘英姿、饶立新:《美国联邦燃油税征收政策及对我国的启示》,载《税务研究》2003年第9期。

[3] 张美芳:《美国的环境税收体系及其启示》,载《现代经济探讨》2002年第7期。

[4] 同上。

税率根据化学品的类别分别确定。汽车消费税的纳税人是原油生产者、进口商及汽油进口商,税率为每桶9.7美分。公司所得附加税附征于一般公司所得税之上,起征点为200万美元,税率为0.12%。

除此之外,美国的环境税体系还包括形成“预防补偿性专项基金”的税收、开采税、煤炭税以及与城市环境污染有关的税收等内容。在令环境污染者承受税收负担的同时,美国政府还对节约能源者、污染控制措施的实施者、清洁替代物使用者推行税收优惠政策。如1992年,美国《能源政策法案》规定,车主使用天然气、石油液化气、氢等清洁燃料或酒精含量85%以上的酒精燃料,燃料费可从总收益中扣除;酒精、汽油燃料如果是从玉米或其他农作物中提取的混合物,该种燃料可被免除29.3%的汽油税等。美国环境税的征管和执行非常严格。税务部门征税后统一将税款纳入财政部,财政部再分别将其归入普通基金和“超级基金”。“超级基金”由国家环保局负责管理,纳入联邦财政预算。由于税收征管部门明确,征管手段先进、高效,因此,偷逃、拖欠税款的现象少之又少,环境税收额逐年递增,为改善环境质量及施行良好生态区域免费或低费开放奠定了坚实的物质基础。

美国的良好生态区域具有极强的公益性,其门票价格都是相当低廉甚至是免费的。以国家公园为例,在1916年通过的《国家公园管理局组织法》中就明文规定:国家公园是联邦政府为国民福利的专门需要而保留(免受开垦)的土地,国家公园内不得从事营利性开发,不得砍伐猎捕,不得引进外地物种。[1]“因此,美国有2/3的国家公园是免费的,即便是收取门票的公园,价格也相对低廉,占人均月收入比例一般不超过1%。全美国家公园每年游人多达2.7亿,但门票总计为7000万美元,平均每人

---

〔1〕 参见陈耀华、黄丹、颜思琦:《论国家公园的公益性、国家主导性和科学性》,载《地理科学》2014年第3期。

每年才花0.25美元的门票"(见表3.2)。[1] 为保证公园的维护、管理和营运,美国国会将征纳上来的环境税收按比例提取,作为专项拨款划归公园,绝不允许下达创收指标。这从根本上保证了国家公园的公益性和亲民性,实现了生态福利全民共享。

表3.2　2008年美国国家公园门票价格与人均可支配收入比例

国别	代表景区	门票价格/(元/人次)	当年全国人均可支配收入/万元	占月人均可支配收入的比例/%
美国	大峡谷国家公园	69	24.30	0.4
	优胜美地国家公园	69		0.4
	奥林匹克国家公园	34		0.2
	黄石国家公园	69		0.4
	阿卡迪亚国家公园	34		0.2
	拱石国家公园	34		0.2

综上所述,美国政府积极致力于环境保护税收法律体系建设,严格税收征管程序,积累了充裕的资金,并以之为重要财政支撑对良好生态区域实行免费或低费开放,保障了生态福利的有序、有效分配和民众共享。

(三)完备的生态福利救济制度

在美国,遭受侵害的生态福利权人主要是通过行政机关内部途径和环境行政公益诉讼的方式获得救济。

美国相当大部分的环境行政违法行为从未踏入法院大门,而是通过行政机关内部途径加以解决,这样不仅成本较低,而且程序也相对简单。签发单方行政命令是生态福利权行政救济的主要途径。美国《综合环境响应、补偿和责任法》(Comprehensive Environmental Response, Compensation and Liability Act, CERCLA)第106条授权总统有权签发"行政命令,如果该类

[1] 刘鹏飞、梁留科、刘英:《中美国家风景名胜区门票价格比较研究》,载《地域研究与开发》2011年第30期。转引自陈耀华、黄丹、颜思琦:《论国家公园的公益性、国家主导性和科学性》,载《地理科学》2014年第3期。

命令对保护公众健康、财产和环境具有必要性”。与此同时,大多数环境法律还授权美国环保局可以签发行政命令的方式对行政违法者给予处罚,如“要求违法者对造成的损害支付相当的成本或罚款,从签发单方行政命令开始算起”。[1] 该种方式便于相关官员在某特定日期前了解救济行为,有利于环境行政违法行为得到及时、妥善处理。如果生态福利权人获得通知或取得听证机会后,行政命令中指定的行为仍未被采取,那么权利人可委托环境机关向法院要求执行该行为。此外,环境法还授予美国环保局评估行政民事处罚的权力,听证会中生态福利权人可就此评估在行政法法官面前进行辩论,基于行政记录,法官往往会做出服从于司法审查的决定。

不仅如此,生态福利权人还可因破坏环境舒适、审美利益等生态福利损害向法院直接提起环境行政公益诉讼。美国的环境行政公益诉讼实质上就是环境法上的公民诉讼。1970 年美国《清洁空气法》首创了公民诉讼条款,即“任何人都可以自己的名义对包括美国政府、行政机关、公司企业、各类社会组织以及个人按照该法的规定提起诉讼”。[2] 1972 年《清洁水法》也有类似条款,其第 505 条明确把环境诉讼的原告界定为“利益被违法行为影响或可能被影响的任何人”。[3] 同时,该法强调:联邦环保局和各州对实施《清洁水法》负主要责任。《清洁空气法》和《清洁水法》还规定:“任何法律实体(当然包括环保局及其他性质的社会团体)都可以向法院提起诉讼,向法院申请禁止令、命令状或撤销环境资源行政行为。”[4] 此后,国会在绝大多数的环境立法中都加入了公民诉讼条款,赋予“任何人”提起环境行政公益诉讼的资格。原告在起诉时通常需要证明以下内容:(1)存在事实上的损害。这里的损害不仅包括经济损失,还包

〔1〕 [美]罗伯特 · V. 珀西瓦尔:《美国环境法——联邦最高法院法官教程》,赵绘宇译,法律出版社 2014 年版,第 204 页。

〔2〕 张明华:《环境公益诉讼刍议》,载《法学论坛》2002 年第 6 期。

〔3〕 曹和平、尚永昕:《西方环境行政公益诉讼制度研究》,载《人民论坛》2010 年第 29 期。

〔4〕 王曦:《美国环境法概论》,武汉大学出版社 1992 年版,第 102 页。

括环境给予人们舒适感、审美价值方面的缺失,即生态福利损害。“但原告在证明实际损害时必须证明其同被损害的环境或自然资源之间有着‘合理的关联’,并要求这种关联是具体的而非抽象的。”[1] (2)因果关系。环境行政公益诉讼对原告因果关系的证明责任要求较低,只需证明被告违反法律即可。(3)可补偿性,即要求原告主张的损害可通过法院的有利判决得到补偿。由于实践中环境行政公益诉讼的情形复杂多变,原告证明责任的具体内容仍需在个案中加以具体考量。

生态福利权人提起环境行政公益诉讼的目的是维护环境公共利益,提升全体社会成员的生态福利水平。胜诉后,受益人为不特定多数人。但诉讼是需要支付成本的,如律师费、诉讼费等。那么这些费用该如何分担?美国最高法院在此方面形成了“美国规则”,即起诉人胜诉后,败诉方担负全部诉讼费用。同时,国家还会给予一定奖励。这在很大程度上鼓励了社会公众参与诉讼的积极性。此外,美国还专门设置了环境行政公益诉讼前置程序——“60 天通知规则”,即原告在起诉前 60 天,应将书面起诉通知书送交环境行政机关,以便相关行政机关及时更正违法行为。如果该行政机关认真改正了错误,可被免予起诉。此程序不仅有助于纠正行政机关的违法行为,督促其切实履行生态福利供给、分配义务,维护当事人的生态福利权,还有助于减少不必要的诉累,节省诉讼资源和成本。

上述可见,美国的生态福利法律制度体系完备。它以政府主导为特色,以环境权(包括生态福利权)入宪为基础,通过建构国家公园等良好生态区域,提升生态福利供给的质量和水平;通过严格征收环境税累积资金,用于对良好生态区域实行免费或低费开放,实现生态福利有序、有效分配;通过环境行政救济和环境行政公益诉讼等司法救济途径维护遭受侵害的生态福利权人的合法权利。

---

[1] 裘璆、何琼:《环境行政公益诉讼——以美、印经验为借鉴》,载《中国环保产业》2006 年第 7 期。

三、英国生态福利法律制度的考察

英国的生态福利法律制度起步较晚,20世纪20年代以后才开始形成并发展,演变至今已相对成熟且完善。它没有保护生态福利的一般性法律,只是在生态福利供给、分配、救济领域分别形成了相对独立且富有特色的法律规范体系。

(一)综合管理模式下的生态福利供给制度

英国的行政管理兼具中央集权和地方自治两种体制,属于典型的综合管理模式。因此,在生态福利供给过程中,既有中央政府的积极参与,也有地方政府的自主管理。与美国相同,国家公园建设也是英国生态福利供给的主要内容。综合管理特色在英国国家公园的建设和运营过程中体现得淋漓尽致。

英国的国家公园源起于1926年成立的英格兰农村保护委员会(CPRE)与"湖区友社"和步行者协会的共同倡议。1929年第二届工党政府设立专门委员会研究国家公园创建的可行性,随后成立国家公园联合常务会负责具体创建事宜。1945年4月建筑师约翰·道尔(John Doyle)提出了《英格兰和威尔士的国家公园》的报告,此报告很快被霍布豪斯委员会接受。1949年英国通过《国家公园和乡村进入法》,确立了国家公园的法律地位并为其法律制度体系的建构奠定了基础,该法被誉为"保护国家公园的根本大法"(简称1949年法)。"1951年英国设立第一批国家公园,包括达特穆尔国家公园(Dartmoor)、湖区国家公园(Lake District)和峰区国家公园(Peak District)。"[1]之后,苏格兰和威尔士也陆续设立了国家公园。国家公园内有独具特色的地貌景观,丰富多样的生物资源,著名的历史建筑保护区和自然遗产,成为抚育生态和公众休闲、游憩,享受生

---

〔1〕 张立:《英国国家公园法律制度及对三江源国家公园试点的启示》,载《青海社会科学》2016年第2期。

态福利的重要场所。由于英国的国家公园具有土地权属复杂，管理难度大的特点。因此，政府采取了灵活的“分权制”综合管理模式，通过法律授权、申请审批和激励机制，与利益相关者协商对话，鼓励社区参与，形成了独特的国家公园管理模式。具体表现为：国家环境、食品和乡村事务部（Defra）统一负责联合王国内所有国家公园的管理，主要提供财政支持和政策保障。英格兰自然署（Natural England）、苏格兰自然遗产部（Scottish Natural Heritage）、威尔士乡村委员会（Countryside Council of Wales, CCW）分别负责其领土范围内的国家公园事务。每个国家公园还专门设有独立的公园管理局（National Park Authority, NPA）负责公园具体日常事务的处理，如制定公园管理和发展的中长期规划（一般5～10年），为土地拥有者提供管理框架和规划审批服务，管理公众进入公园开放区游览，设置封闭或限制区域，与土地所有者签订土地管理合同等。此外，英国国家公园内存在众多古遗址和文化遗产地等特殊保护区域，这些区域仍归遗产署或农林部门负责。它们与公园管理局一起按照立法和规划进行独立或共同管理。

伴随国家公园的迅猛发展，其法律规范体系也不断得以丰富和完善。继“1949年法”（《国家公园和乡村进入法》）之后，“1972年英国颁布《当地政府法》（Local Government Act）规定国家公园是独立的规划当局”。[1] 1995年《环境法》（The Government Act）确立了国家公园的法定目标：（1）保护和促进国家公园的自然美、野生生物和文化遗产；（2）为公众理解与欣赏公园的特殊质量提供机会。[2] 考虑到国家公园社区较多的特点，英国国家公园管理局还补充了一个附加目标：促进国家公园内社区和相关福利的发展。该补充目标实际上明确了国家公园作为生态福利供给内容的法律定位。2000年苏格兰国会颁布《国家公园法》（The National

〔1〕 刘红纯：《世界主要国家国家公园立法和管理启示》，载《中国园林》2015年第11期。

〔2〕 参见王应临、杨锐、［德］埃卡特·兰格：《英国国家公园管理体系评述》，载《中国园林》2013年第9期。

Parks Act)，开始在苏格兰设立国家公园。

规划制度是英国国家公园法律规范体系中极富特色的内容。国家公园管理局的核心部门就是规划部，负责制定管理规划、核心战略和其他规划。国家公园管理局的主要职责就是保护和规划控制，其工作量的60%以上都是有关规划管理的工作。规划的内容主要集中在三个方面：(1)保护，即加强公园内自然地貌、遗产地、生物多样性、环境、历史和当地生活方式的保护；(2)分享，即通过优化园内环境，设计参与互动项目，提升公众对国家公园高质量的体验，协调人与自然的关系；(3)发展，即支持国家公园的可持续发展。为切实保障规划工作的顺利推行，英国制定了很多有关国家公园规划的法律条文，包括2000年的《乡村和道路权法》(The Countryside and Rights of Way Act)、2004年的《规划和强制购买法》(Planning and Compulsory Purchase Act)、2006年的《自然环境和乡村社区法》(The Natural Environment and Rural Communities Act)、2007年的《当地政府和公共参与健康法》(Local Government and Public Involvement in Health Act)、2008年的《规划法》(Planning Act)、2009年的《当地民主、经济发展和建设法》(Local Democracy, Economic Development and Construction Act)以及2009年的《海洋和沿海进入法》(Marine and Coastal Access Act)等。

鼓励社区参与也是英国国家公园管理政策中的一项重要内容。实践中，国家公园的建立都必须经过公众听证，国家公园的管理都以吸收当地居民参与为基础。如新森林国家公园和诺森布兰德国家公园，两公园管理局的基础工作之一都是争取当地居民参与社区管理事务，介入公园保护工作，为高品质生态环境的供给出谋出力。

总之，英国的生态福利供给以国家公园建设为核心，具有典型的综合管理特征。其法律规范体系复杂、庞大，这一方面，是由英国法律体系本身的特点决定的；另一方面，也反映出国家对生态福利供给法律规范体系建设及其与现有法律、政策之协调的重视，极大地增加了公众的接受度。

(二)生态福利分配制度

在英国,环境税费是政府引入市场手段对环境进行管理的重要政策工具。从总体上看,政府课征的环境税收入大多带有特定的环境政策支持目标,主要用于降低环境污染、提高生态环境品质,尤其是对良好生态区域的免费或低费开放给予财政支持,保证生态福利的平等、公平分配。环境税制是英国生态福利分配制度的基础和重要内容。

20世纪90年代末期,在欧盟多国"税制绿化"运动的影响和推动下,英国政府一改以往行政管制为主的环境政策,开始对税法进行系统改革,建立环境税制。根据《京都议定书》的承诺,英国要求2010年温室气体排放比1990年减少20%。在这一减排目标的压力下,英国陆续开征了几种主要的环境税,包括气候变化税(climate change levy,CCL)、机场旅客税(air passenger duty,APD)、购房出租环保税、机动车环境税等。

第一,气候变化税。自2001年4月1日起,英国正式开征气候变化税。这是全球首创的,旨在节约能源、提升环境品质的销售税新税种。电力、天然气、液化石油气和固体燃料等特定能源供应商是气候变化税的纳税主体。该税实行一次性征收,税率为从量计征,且逐年提高,"至2010年,电力每千瓦时0.47便士,天然气每千瓦时0.164便士,石油液化气每公斤1.05便士,其他燃料每公斤1.28便士"。[1] 英国税法还明确规定了气候变化税的免征和减征范围:民用和慈善机构使用的燃料,使用新能源和可再生能源发电可免征气候变化税;如期完成财政部核定的年减排目标的企业,可减免80%的气候变化税;农业部门生产企业在5年过渡期内可减免50%的气候变化税。同时,英国政府还制定了一系列配套措施,如气候变化税减排基金、针对小企业的碳基金、提高投资补贴方案等,形成了气候变化税"一揽子"方案。"英国政府在2006年的预算报告中说,气候变化税开征以来,已减少了2800万公吨以上的总碳排放量。到2010

---

〔1〕 高世星、张明娥:《英国环境税收的经验与借鉴》,载《涉外税务》2011年第1期。

年,征收该税每年至少节省大约350万公吨碳排放”。[1] 气候变化税的征收极大降低了温室气体的排放量,促进了英国环境质量的改善。

第二,机场旅客税。这是对因航空排放造成的环境不良影响进行补偿征收的税费。该税由旅客在购买机票时缴纳,由航空公司或票务代理公司代收,税率依行程距离和旅客所选舱位而定。自1994年11月1日英国开征机场旅客税以来,税率被多次调高,至2010年11月1日之后,6000英里以上已达85英镑。级差也由最初的二段式升级至四段式。据统计,“2009年11月及2010年宣布的改革和增加税率可使2011~2012年每年二氧化碳气体排放量减少60万吨”。[2]

第三,购房出租环保税。从2008年10月开始,英国对“购房出租族”开征购房出租环保税。为此,政府专门出台了新的实施细则,要求“全英85万个‘购房出租族’在出租房屋前,必须聘请能源审计员评定其房屋的能耗级别,并交纳200英镑的环保税,才能取得有效期为3年的房屋出租许可证”。[3] 按照英国政府的计划,通过征收该税,至2016年所有新建房屋均要实现二氧化碳“零排放”。

不难看出,英国的环境税主要以改善空气质量为目标,通过课征税收,控制二氧化碳等温室气体的排放量,对提升环境的整体质量和水平意义重大。更为重要的是,环境税收被纳入专门预算,实行专款专用,避免了资金的“寻租”、“挤占”或“挪用”行为,为英国政府优化环境,向社会公众免费或低费供给高品质生态区域,实现生态福利平等、公平分配提供了可靠的资金来源。

在英国,对良好生态区域实行免费或低费开放已是各地政府的通行做法。1843年英国利物浦市动用税收建造了世界上第一个城市公园——

---

〔1〕 李振京、沈宏、刘炜杰:《英国环境税税收制度及其启示》,载《宏观经济管理》2012年第3期。

〔2〕 同上。

〔3〕 谢颖:《英国环境税制的演变及效应评估》,载《生产力研究》2014年第9期。

伯肯海德公园(Birkenhead Park,125 英亩),供公众免费使用,收到了良好的社会反响。受其影响,19 世纪下半叶,英美国家掀起了城市公园建设的第一次高潮,史称"公园运动"(Park Movement)。"在'公园运动'时期,以英国为首的西方各国普遍认为城市公园具有五个方面的价值,即保障公众健康、滋养道德精神、体现浪漫主义(社会思潮)、提高劳动者工作效率、促进城市地价增值"。[1] 在英国政府看来,以城市公园为代表的良好生态区域是集游憩、观赏、娱乐等多功能于一体的特殊空间,是衡量社会整体环境水平和居民生活质量的重要指标,是社会形象的名片。因此,政府将对这些区域实行免费或低费开放的规定视为提升居民休闲质量和保障其平等、公平分享生态福利、实现社会效益的必要举措。

综上所述,英国的生态福利分配制度以环境税收为基本保障,通过对良好生态区域实行免费或低费开放,保证社会成员分享生态福利的平等性和公平性。

(三)过渡型生态福利司法救济制度

倘若英国政府不履行或不完全履行生态福利供给、分配义务,遭受侵害的生态福利权人主要通过提起环境行政公益诉讼这一司法途径获得救济。

英国法律在环境行政公益诉讼方面的规定相对保守,但总体上是向着统一和放宽起诉资格的方向发展。1977 年司法改革之前,当事人必须享有权利才具有获取司法救济的资格。1977 年修改后的最高法院规则第 53 号令对当事人的起诉资格进行了重新界定:"除非法院认为申请人与申请事项之间有足够的利益,否则,不予批准申请许可。"[2] 由此,当事人申请任何司法救济手段都取决于对申请事项是否有足够的利益。也就是说,"足够的利益"标准是法院受理包括环境行政公益诉讼在内的司法审

[1] 李铮生:《城市园林绿地规划与设计》,建筑工业出版社 2006 年版,第 52 ~ 53 页。

[2] 夏云娇:《西方两大法系环境行政公益诉讼之比较与借鉴》,载《湖北社会科学》2009 年第 5 期。

查起诉案件的标准。如果当事人以生态福利权遭受侵害为由提起诉讼申请,必须能够证明自己与被申请事项之间具有“足够的利益”。与美国公民可以直接作为原告提起环境行政公益诉讼不同的是,英国公民需要借助检举人诉讼制度寻求对环境公共利益的司法救济。在英国,只有检察官才能作为公益诉讼的代表以检察总长的身份提起诉讼。他可依法律的授权或当事人的申请阻止公共性不正当行为。但是,如果检察总长已经注意该公共性不正当行为,而他拒绝行使职权,个人就可请求检察总长由自己去督促诉讼。“在英国,为公民用来寻求环境等公益司法救济的检举人诉讼制度可以认为是公益诉讼的一种过渡型形态”。[1]

上述法律制度无疑对英国生态福利的保护和发展起到了促进与保障作用,也为其他国家生态福利法律制度建设提供了借鉴。

四、日本生态福利法律制度的考察

在有“公害列岛”之称的日本,对生态福利法律制度的研究相当重视。环境权作为生态福利权的基础,得到了日本法学界的极大关注。日本生态福利法律制度的形成和发展也源起于对环境权的研究及法律确认。

1970 年 9 月日本召开“律师联合会第 13 届人权拥护大会”。会上,仁藤一和池尾隆良两位律师作了题为“环境权的法理”的报告。报告指出:“为了保护环境不受破坏,我们有支配和享受良好环境的权利;基于此项权利,对于那些污染环境、妨害或将要妨害我们舒适生活的行为,我们享有请求排除妨害以及请求预防此种妨害的权利……我们把这一权利叫作‘环境权’,这种权利的确立将是今后环境法学要解决的重要课题之一。”[2]此报告不仅明确了“环境权”,而且其中提及的“享受舒适生活的权利”已经反映了生态福利权的内容。随后,大阪律师联合会成立“环境权研究会”,很多学者以此为平台,对环境权(包括生态福利权)概念进行

---

〔1〕 张明华:《环境公益诉讼制度刍议》,载《法学论坛》2002 年第 6 期。

〔2〕 蔡守秋:《论环境权》,载《金陵法律评论》2002 年第 1 期。

了深入研究,并撰写、出版了相关的论文和专著,如阿部照哉的《宪法与环境权》、加藤一郎的《关于环境权的概念》、原田尚彦的《环境权与法院的作用》等。这些理论对生态福利权意识的形成和环境权在法律上的最终确立起到了有力的推动作用。1992年日本律师联合会发布《环境基本法纲要》,其中规定:“任何人都拥有享受良好环境的权利,该权利属于实体法上可救济的权利。”1993年日本国会颁布的《环境基本法》规定:“现在以及未来的人类享受健全而又富饶的环境恩泽的同时,必须妥善地维护人类生存发展基础的环境,直至将来。”此规定虽然没有明确使用环境权的概念,但已深刻体现了该权利的思想。司法实践中,日本法院早有一些判例明确承认了日照权、眺望权、景观权、宁静权等具体环境权(包括生态福利权),如“大阪机场案中关于认定宁静环境遭到破坏并对机场公共性加以限制的上诉审判决是对环境权主张表示同意的一种表现;伊达火电环境权诉讼中札幌地方法院关于‘作为充分满足人的维持健康且舒适的生活条件的必要条件,具有良好的环境就是不可缺少的’”[1]的判决表明了支持环境权(包括生态福利权)的观点。

以对环境权(包括生态福利权)的规定为基石和核心,日本建构了一套较为完善的生态福利法律制度体系。

(一)发达的生态福利供给制度

日本的生态福利供给制度内容丰富、体系完善,主要包括:

第一,以自然环境保全和供给为目的的《自然环境保全法》。1972年颁布的《自然环境保全法》以促进日本自然保护区整体建设和发展为主要内容,明确规定了社会公众享受生态福利的权利以及政府供给高品质生态环境的义务,是日本自然保护区体系的基本法律。

第二,专门针对自然公园的《自然公园法》。早在1930年,日本就成立了国家公园委员会,颁布了《国家公园法》。截至1936年,日本已成立

[1] 蔡守秋:《论环境权》,载《金陵法律评论》2002年第1期。

12 个国家公园。第二次世界大战期间，这些公园遭到严重破坏，名存实亡。直至 1957 年，日本政府才颁布《自然公园法》替代了之前的《国家公园法》，确立了新的国家公园体系。根据《自然公园法》，自然公园“以保护优质自然风景地、促进其利用，有助于国民之保健、修养及教化为目的”，[1]其主要功能是保护生态环境资源，为国民提供休憩、旅游、教育，享受生态福利的场所。日本的自然公园大体分为三大类：(1)国立公园，即具有独特优美的自然环境的场所，由国家直接管理、环境大臣指定；(2)国定公园，又称准国家公园，即靠近城市，主要为城市居民提供户外游憩活动的场所，主要由督道府县管理；(3)道立公园，即在地方具有代表性风景的场所，由地方管理，知事指定。《自然公园法》对国立和国定公园做了专门规定，内容包括公园的指定方法和程序、规划和基础设施建设、公园的维护和可持续利用、管理机构和财务事项等。其配套法规《自然公园法实施细则》进一步详细规定了如何保护管理日本的自然公园体系。2005 年 6 月修订的《自然公园实施令》专门针对自然公园中国立公园基础设施建设进行了规定。

第三，其他法律。包括对自然环境起保全作用的《环境基本法》、《规范遗传基因重组方面的生物多样性保护法》以及《森林法》等。此外，《文化财产保护法》也涉及对自然公园内相关遗产资源的保护和管理问题。

总之，日本的生态福利供给制度是一个以规范政府对自然环境的保全和供给及自然公园建设为基本内容的法律体系。该体系通过维护和建设高品质生态环境，不断扩大社会成员享受生态福利的场所，着力保障了社会公众享受舒适、优美生态环境的权利。

(二)有序的生态福利分配制度

环境税除了具有一般的税收制度功能外，还具有特殊的制度价值——借助经济手段累积环境保护专项资金，促进高品质生态环境的建

---

[1] 王维正：《国家公园》，中国林业出版社 2000 年版，第 137 页。

设和修复,增进可持续发展。日本的生态福利分配制度也是以科学的环境税制度为基本支撑,通过对良好生态区域实行免费或低费开放,实现社会成员共享生态福利的价值目标。

日本的环境税起步较晚,1990 年才开始征收。“2005 年 2 月《京都议定书》生效,要求日本 2008 ~ 2012 年期间比 1990 年减排温室气体 6%”。[1] 为兑现该议定书的承诺,日本发布了《环境税具体方案》,加快了环境税改革。改革后的环境税以所有化石燃料和电力为课税对象,课征阶段分为上层课税和下层课税两级:挥发油、轻油、煤油等属于上层课税内容,煤炭、重油、天然气等属于下层课税内容。为鼓励个人和企业参与环保事业,日本制定了诸多环境税优惠政策。早在 1979 年颁布的《节约能源法》中就有对于达到节约标准的个人和企业进行减免税优惠的规定。此外,各级政府还设置了汽车购置税、车辆税等税目,虽然征收规模不大,但对节约资源和高品质生态环境的保护起到了相当积极的作用。在严格的税收征管体系之下,日本通过各项环境税收累积了充裕的资金,有效保证了良好生态区域的免费或低费开放,促进了生态福利的平等、公平分享。

日本政府积极推行良好生态区域免费或低费开放政策。在其《城市公园法》中明确规定了免费开放公园的设施和管理所需费用由政府承担。这些费用主要来自环境税收。各级主管部门对此都相当重视,不断加大政府投资力度,确保免费生态区域发展的需要。比如,加大安装座椅、增加垃圾桶、照明设施、保洁车等基础设施和清洁工具的建设与投入力度。这些举措一方面有助于美化环境,另一方面也为居民充分享受生态福利提供了便利。日本对以城市公园为代表的良好生态区域实行免费或低费开放切实体现了社会公益性,保障了每位社会成员享受良好、舒适生态环境的平等机会。

---

〔1〕 季美萍:《浅谈国外生态税法的经验及对我国的启示》,载《科技创业月刊》2009 年第 3 期。

(三)健全的生态福利司法救济制度

日本对遭受侵害的生态福利权予以司法救济的主要途径同样是环境行政公益诉讼。其健全的生态福利司法救济制度主要体现在《地方自治法》、《行政诉讼法》和《法院法》中有关"住民诉讼""民众诉讼""机关诉讼"及司法审查范围等规范之中。

第一,《地方自治法》。1948 年日本《地方自治法》第 242 条规定了"住民诉讼"制度。"这一诉讼是在普通地方公共团体的长官等进行了违法或不当的公款支出以及财产的管理处分时,住民在经过对监察委员进行检察请求后提起的诉讼。"[1] 倘若地方公共团体长官在供给、分配生态福利的过程中存在违法支出公款(主要是地方税款)或不当处分公共财产的行为,住民可通过该诉讼方式获得救济。住民诉讼是一种融主观诉讼与客观诉讼[2] 于一体的新型行政诉讼模式。它客观上保障了具有纳税人身份的特定区域的居民对地方税款使用情况的知悉权。

第二,《行政诉讼法》。1962 年日本《行政诉讼法》第 5 条规定了"民众诉讼",这是一种为纠正国家或公共团体的违法行为,以选举人资格提起的诉讼。同时,该法还明确了机关诉讼,"指居民对地方政府官员非法或不当处分公款或公共财产的,可以请求地方审计委员会进行审计,对于审计结果不服的,可以提起行政诉讼,起诉审计委员会"。[3] 按照日本《行政诉讼法》第 42 条的规定,只有在"法律有特别规定"的情况下,方可提起民众诉讼和机关诉讼。这两种诉讼都属于客观诉讼,是环境行政公益诉讼的例外情形。不过按照"法律的规定",当政府有关部门不履行或不切实履行生态福利供给、分配义务或其相应的财产处分行为违法时,社

---

[1] 章志远:《行政公益诉讼热的冷思考》,载《法学评论》2007 年第 1 期。

[2] "日本是秉承主观之诉与客观之诉分类的典型代表国家,其《行政诉讼法》所规定的抗告诉讼和当事人诉讼属于主观之诉,而民众诉讼及机关诉讼则属于客观之诉。"参见章志远:《行政公益诉讼热的冷思考》,载《法学评论》2007 年第 1 期。

[3] 夏云娇、王国飞:《国外环境行政公益诉讼相关立法对我国的启示——以美国、日本为例》,载《湖北社会科学》2007 年第 9 期。

会成员可通过民众诉讼和机关诉讼获得救济。

第三,《法院法》。日本司法审查的范围较大,不仅包括政府、行政机关的具体行政行为,还包括抽象行政行为。现行《法院法》明确规定:“除宪法有特别规定外,一切法律上的争讼都由法院管辖。”依此规定,生态福利权遭受侵害的案件当然属于司法审查的范围。

可见,日本已经形成了本国的生态福利法律制度体系,该体系以对环境权(包括生态福利权)的肯定和保护为基础,以发达的生态福利供给制度、有序的生态福利分配制度和健全的生态福利救济制度为主体,在相关政策的引领下,形成合力共同推进日本的生态福利建设,也为我国生态福利法制发展提供了经验和启示。

第二节　发达国家生态福利法律制度的经验及启示

上述发达国家生态福利法律制度建设的经验值得我国借鉴。各国生态福利法律制度各具特色:美国以强有力的《国家环境政策法》为统领,形成了法律层级鲜明、内容翔实、易于实施、政府主导性的生态福利法律制度体系,成为了生态福利立法最为丰富的国家之一;英国形成了综合管理模式下的生态福利供给制度,以环境税为基本支撑、以对良好生态区域实行免费或低费开放为基本方式的生态福利分配制度和过渡型生态福利司法救济制度;日本以对环境权(包括生态福利权)的规定为基础,建构了内容丰富、体系完善的生态福利供给制度,有序的生态福利分配制度和以“住民诉讼”、“民众诉讼”和“机关诉讼”等为核心内容的生态福利司法救济制度。尽管如此,这些国家的生态福利法律制度也具有诸多共同经验,给我们以深刻启示。

一、以对环境权的直接规定为先导

综观以上各国生态福利法制建设,一个突出特点便是其在建立各自的生态福利法律制度体系时,都对环境权进行了直接规定,并以此作为生态福利法律制度的先导。这些规定具体表现为两种方式:(1)环境权入宪。如美国在1969年《国家环境政策法》对环境权(包括生态福利权)做出了宏观性、原则性规定之后,《宾夕法尼亚州宪法》、《纽约州宪法》和《弗吉尼亚州宪法》都进一步对其作出了详细规定。还有《蒙大拿州宪法》也明确肯定了环境权,并对生态福利权给予了间接肯认,其第2条、第3款规定:"所有人生而自由,拥有不可剥夺的权利。这些权利包括清洁、健康的环境权……以及用所有合法方式追求安全、健康和幸福的权利。在享受这些权利的同时,所有人应认识到相应的义务。"上述规定为美国生态福利法制建设提供了宪法依据。正是有了宪法上的保障,才推动美国有关生态福利法律的大量出台,使美国成为世界上生态福利立法最积极的国家之一,丰富了生态福利立法体系。事实上,环境权入宪或者环境权宪法化已经成为诸多国家环境权立法的主要模式。据不完全统计,目前已有57个国家在宪法中确认了环境权。如1993年《俄罗斯联邦宪法》第42条规定,"人人有权享有良好环境及有关环境状况之可靠资讯,也有权要求因违反环保法律所造成对其健康或财产损害之赔偿";2005年,法国的《环境宪章》第1条确认,"人人都享有在一个平衡的和不妨害健康的环境里生活的权利"等。(2)在环境基本法中规定环境权。如日本《环境基本法纲要》规定,"任何人都拥有享受良好环境的权利",并明确把该权利界定为实体法上可救济的权利。日本国会颁布的《环境基本法》也规定,"现在以及未来的人类享受健全而又富饶的环境恩泽的同时,必须妥善地维护人类生存发展基础的环境,直至将来"。

二、以生态福利供给制度为基础

重视生态福利供给制度,并以之为基础架构生态福利法律制度体系是上述各国生态福利法制建设的另一条经验。综观它们的生态福利供给立法,几乎都以国家公园相关法律规范为统领,这些规范通过确立以国家公园为代表的良好生态区域的供给目标,阐释国家生态福利发展战略,推动和促进本国生态福利的发展。详言之,其生态福利供给法律法规体系具有以下共同特点。

第一,立法层级高。发达国家对以国家公园为代表的良好生态区域建设和供给的重视程度通过其立法层次就可以很明显地看出。美国、英国、日本的国家公园立法都有国家层面的法律。美国《国家公园基本法》为国家专门立法,它详细规定了国家公园的基本职能,为公园的保护、建设和管理提供了严格的法律保障。《国家公园管理局组织法》也是美国国家公园开发、建设与保护的重要法律依据之一,效力仅次于宪法。此后的《国家公园管理局组织法》1970 年修正案、1978 年修正案都位于这一立法层级。英国则在其环境基本法——《环境法》中确立了国家公园的法定目标,明确了国家公园作为生态福利供给内容的法律定位。日本的《自然公园法》由政府颁布施行,其中不仅明确了自然公园的建设目的,而且对自然公园进行了比较细致的类别划分。此外,《自然环境保全法》以推动日本自然保护区的建设、保全和供给为宗旨,也属于国家层面的立法。

第二,法律体系完整,内容翔实,可操作性强。美国的国家公园立法涵盖范围广泛、类别细致、内容丰富。国会不仅制定、颁布了针对国家公园体系的整体立法,如《总管理法》《国家公园及娱乐法案》《国家公园管理局特许事业决议法案》等,而且还根据不同国家公园的特色制定了专门立法。同时,对园内重要的历史、文化旅游资源的保护和开发也设置有相关规范,比如《古迹遗址保护法案》《历史纪念地保护法案》。这些规范对国家公园的管理程序、生态环境保护方面的要求规定得非常细致,为国家公园管理局、各公园单位的实际管理和保护工作提供了明确的法律依据,具有较强的可操作性,也极大地丰富了美国生态福利供给法律法规体系的内容。英国同样有促进国家公园整体发展的法律规范,如《当地政府法》《环境法》等,此外,由于政府对国家公园规划工作高度重视,因此相关法案十分健全,包括《乡村和道路权法》《规划和强制购买法》《自然环境和乡村社区法》《当地政府和公共参与健康法》等。它们对相应部门的职责和义务规定的详细周全,一方面,保障了部门权力的行使;另一方面,也加强了对部门的监管和问责,大大增强了法律实施的积极效果。日本的生态福利法律制度则是由以自然环境保全和供给为目的的《自然环境保全法》、专门针对自然公园的《自然公园法》以及《环境基本法》、《规范遗传基因重组方面的生物多样性保护法》、《森林法》等一系列法律规范组成,形成了一个规范"良好生态区域供给"的法律文件群以及多种法律互为补充、相互制约的平衡机制,为具体的实施环节提供了多角度、多层次的参考依据。

第三,政府主导。发达国家生态福利的供给都离不开政府的大力支持。诸多生态福利供给立法也是对政府及其相关部门的规范和约束。如美国的国家公园由国家公园管理局以管理方针的形式统一管理。管理方针对每个具体的公园单位强制执行,并通过局长令的方式不断被更新和细化。同时,美国联邦政府、国家公园管理局等相关行政机关的工作,大到宏观规划和目标的制定,小到具体项目的审批等事项,都是在法律的约束下进行。英国国家公园的"分权制"综合管理模式本质上也属于政府主导型。国家环境、食品和乡村事务部(Defra)统一负责联合王国内所有国家公园的管理,主要提供财政支持和政策保障。英格兰自然署、苏格兰自然遗产部、威尔士乡村委员会则分别负责其领土范围内的国家公园事务。

三、以生态福利分配制度为关键

生态福利的有序、平等、公平分配是保障社会成员生态福利权的必要条件。以上各国都将生态福利分配制度视为生态福利法律制度的关键内容予以积极推进。环境税收是进行生态福利分配的物质保证,良好生态区域的免费或低费开放是生态福利分配的基本方式。考察发达国家生态福利分配立法,几乎都以环境税制度和良好生态区域免费或低费开放机制为主要内容。

尽管上述各国环境税制类型不同,但实践中仍然存在诸多相似之处:

第一,征收范围广,税种多样。发达国家环境税的主体税种是能源税和污染税。其征税范围广泛,不但涉及环境污染的各个领域,也涉及生态环境资源的保护和合理利用。征税对象包括生态资源、能源产品、污染物排放、高耗能产品等。如美国环境税包括燃油税、氯氟烃税等;英国环境税包括气候变化税、机场旅客税等;日本的环境税包括化石燃料税、电力税等。

第二,注重税率差别和税收优惠。上述国家在环境税的设计上尤其注重实行差别税率和税收优惠。在推行差别税率方面,美国、英国、日本都根据税收的不同用途实行不同的税率。在税收减免方面,美国政府特别强调对节约能源者、污染控制措施的实施者、清洁替代物使用者推行税收优惠政策。日本也积极鼓励个人和企业参与环保事业,并制定了诸多环境税优惠政策。这种限制性和鼓励性措施并行的做法,充分发挥了税收在高品质生态环境供给方面的积极作用。

第三,注重对社会成员环保意识的培养。发达国家都非常强调对社会成员环境保护意识的提升和培养,通过各种宣传方式加深其对环境税的理解。如日本明确要求政府对环境税征收和生态福利供给、分配的相关信息进行定期公布,并拓展民众参与的途径和渠道,保证社会成员的知情权。同时还鼓励社会成员通过成立环保团体的方式,协助政府保护和供给高品质生态环境,使广大民众真正参与到生态福利事业的发展中来。

借助严格的税收征管程序和环境税专款专用措施的推行,上述各国都积累了相对充裕的环境保护专项资金,为良好生态区域的免费或低费开放奠定了物质基础。各国政府几乎都将征纳上来的环境税收按比例提取,作为专项拨款划归国家公园等良好生态区域,以支持其免费或低成本向公众开放。以国家公园为代表的良好生态区域是社会公众疏解压力、文化休闲、释放情感、观赏娱乐、亲近自然的重要空间,发达国家大都选择将其作为一种福利向公众免费提供,即便收取门票,价格也相当低廉,如美国“平均每人每年才花 0.25 美元的公园门票”。[1] 这一举措是生态福利分配的核心环节，它切实保障了每位社会成员无论年龄、身份、受教育程度、财富多寡都能平等、公平享受高品质生态环境。

四、以生态福利救济制度为保障

环境行政公益诉讼是一种新型的环境诉讼制度，也是生态福利权遭受侵害后，美国、英国和日本普遍采取的司法救济方式和保障措施。不同国家环境行政公益诉讼各有自身的特殊性，即该类诉讼制度的具体创设、选择和实施在不同国家存在差异，这是由各国不同的政治、经济、司法制度和自然环境的特点决定的。不过，我们也发现其中存在一些由“环境法和环境权的公益性以及司法制度的部分竞合性决定的”[2] 共同性特征和规律：

第一，拓宽原告资格，扩大受案范围。无论是美国“事实上的损害”标准，还是英国的“足够利益”标准，都反映出司法实践中，环境行政公益诉讼原告起诉资格不断放宽，起诉主体广泛的特点。按照美国相关法律的规定，任何人都具有环境行政公益诉讼的起诉资格，包括公民、社会组织和检察机关等。英国虽然推行检举人诉讼制度，但同时又规定如果获得检察总长的许可，个人就可为救济包括生态福利在内的环境公共利益提起诉讼。日本对环境行政公益诉讼的起诉资格也没有过多限制。可见，虽然不同国家原告诉讼资格的具体标准各不相同，但一致呈现出放宽的趋势。不仅如此，把环境行政公益诉讼受案范围扩大至抽象行政行为也已成为上述国家的普遍做法。如美国，行政司法案件的审查范围既包括政府相关机关的具体行政行为，还包括抽象行政行为；日本《法院法》也明确规定，“除宪法有特别规定外，一切法律上的争讼都由法院管辖”，抽象

---

〔1〕 刘鹏飞、梁留科、刘英：《中美国家风景名胜区门票价格比较研究》，载《地域研究与开发》2011 年第 5 期。

〔2〕 张文显：《法理学》，高等教育出版社、北京大学出版社 1999 年版，第 122 页。

行政行为当然包括其中。对抽象行政行为进行司法审查有助于从源头上预防环境行政侵权案件的发生。

第二,设置诉讼前置程序,节约司法资源。环境行政公益诉讼的目的在于"督促执法而非执意令行政机关难堪"。[1] 基于此,发达国家大多设有环境行政公益诉讼前置程序,督促有关行政机关自查自纠,积极采取措施对违法行为进行处理,社会公众就可不必再提起诉讼。美国为减轻法院负担和切实保障社会公共利益,在行政法中专门规定:原告必须在起诉前60天将书面起诉通知书送交相关行政机关,以便其及时更正违法行为。"日本的居民诉讼,实行监察请求前置程序,即只有居民提起了监察请求,对于监察委员会的对应措施仍然不服的,才可以提起居民诉讼"。[2] 以前置程序作为环境行政公益诉讼的过渡,既有助于帮助行政机关改过自新,维护良好形象,又有助于避免滥诉,节约司法资源。

第三,设置激励机制,鼓励公众参与。环境行政公益诉讼的受益对象是全体社会成员,而起诉主体倘若是公民个体,则需要考虑其为收集信息、参与诉讼而担负的费用当如何分担的问题。为防止社会公众因诉讼费用的考虑而放弃诉讼,发达国家几乎都设有诉讼费用合理分担机制和相应的奖励措施。美国的《清洁空气法》和《清洁水法》中都有关于公民诉讼费用返还的条款。此外,《清洁水法》还规定:起诉人胜诉后,败诉方负担全部费用,国家再对其给予奖励。这些措施无疑极大地提高了社会公众参与诉讼的积极性。

诚然,除了上述内容,发达国家的其他经验,如生态福利相关立法内容翔实,注重与其他法律之间的协调和衔接等,同样值得我们借鉴。

---

〔1〕 叶俊荣:《环境政策与法律》,中国政法大学出版社2001年版,第249页。

〔2〕 夏云娇、王国飞:《国外环境行政公益诉讼相关立法对我国的启示——以美国、日本为例》,载《湖北社会科学》2007年第9期。

第四章　我国生态福利法律制度的现状及问题

随着我国社会经济的迅猛发展,人们的生活水平大幅提升,对生态环境的要求日益提高。人们已经不仅满足于环境质量的“无害”“健康”,而是追求舒适、安逸、宁静、优美等高品质环境,并渴求政府将这一品质的环境作为一种福利提供给全体社会成员。生态福利已经成为我国社会发展的必然选择。构建完备的生态福利法律制度体系是促进我国生态福利健康有序发展的坚实保证,其基本条件已经具备,具有了一定的法律基础。不过,从当前情况来看,我国生态福利法律制度建设尚处起步阶段,与发达国家相比还存在不小差距,离国际法文件的要求及制度建设的目标也有相当的距离。系统梳理我国生态福利立法现状,发现其中的不足及问题,无疑是进一步完善我国生态福利法律制度的基本前提。

第一节　我国生态福利及其立法概况

当前,我国正处于建设社会主义和谐社会,全面建成小康社会,加快建设资源节约型、环境友好型社会,着力实现美丽中国梦的攻坚阶段,已经意识到发展生态福利的重要性,而生态福利在我国的发展刚刚起步,从生态福利理念的树立到相关立法都有很大的完善空间。认清我国生态福利发展的现实,准确把握相关立法的现状,将有助于我国生态福利法律制度的完善。

一、我国生态福利发展概况

中华人民共和国成立以来，我国生态福利的发展经历了一个从无到有的过程，截至目前，已取得了前所未有的成就，生态福利供给总量不断增加，供给规模显著增大，发展结构逐步完善。

（一）生态福利供给总量不断增加

我国生态福利供给总量的增加，主要体现在国家用于推进环境保护，改善环境质量的财政投入不断增加以及良好生态区域的数量不断增长两个方面。考察我国环保投资规模的统计数据，可以明显看出，政府用于环境保护的投资总体上呈现上升趋势。以 2000～2012 年我国环保投资规模为例，表 4.1 清晰显示，[1] 12 年间我国环保投资绝对量稳步上扬，由 2000 年的 1062 亿元上升至 2012 年的 8253.5 亿元，累计增长 7191.5 亿元，年均增长率为 18.63%，增长近 7.8 倍。其中 2007 年、2008 年、2010 年增速较快，尤其是 2010 年比 2009 年的绝对量增长 2353.8 亿元。虽然该支出项目并非直接冠以“生态福利”之名，但高品质生态环境建设本身就是生态福利发展的基础和核心内容。投资进行环境保护，可有效增加物质性生态产品供给，提升环境质量，附之而生的生态福利才可充沛、丰盈并得以实现。实践中，环境保护投资主要用于积极的事前环境保护和消极的事后环境修复两个方面。所谓事前环境保护指通过一定的手段和方式保护现有的自然或人工环境要素、自然地理环境整体不被破坏及借助种植、培育、增加新的环境要素以维护、提升环境质量。这是一种积极的防范措施。所谓环境修复指通过一定的路径对已经遭受破坏的自然或人工环境要素及部分自然地理环境进行修整、恢复。与环境保护相比，环

[1] 参见《2015～2020 年中国环保行业市场全景评估与投资战略咨询报告》。转引自《2015 年中国环保行业投资现状分析及优化对策建议》，载中国产业信息网：http://www.chyxx.com/industry/201506/325594.html，最后访问日期：2015 年 6 月 18 日。

境修复是一种消极的事后处理措施。很明显,积极的事前环境保护有助于维护环境资源的整体品质,直接助力生态福利的增长,效果也可以在相对较短的时间内显现;消极的事后环境修复则需要耗费几年甚至更长时间才能恢复环境质量,但这只是个量变到质变的过程,其增进高品质生态环境的生成,助力生态福利的积极作用同样明显。从这个意义上说,这些投资就是助益生态福利供给的投资。

表 4.1　2000~2012 年我国环保投资规模

年份	投资额/亿元	投资占 GDP 的比重/%	投资占财政支出的比重/%
2000	1062.0	1.02	6.68
2001	1166.7	1.06	6.17
2002	1456.5	1.21	6.60
2003	1750.1	1.29	7.10
2004	2057.5	1.29	7.22
2005	2565.2	1.39	7.56
2006	2779.5	1.28	6.88
2007	3668.8	1.38	7.37
2008	4937.0	1.57	7.89
2009	5258.4	1.54	6.89
2010	7612.2	1.90	8.47
2011	7114.0	1.50	6.51
2012	8253.5	1.59	6.55

在中央和地方政府的大力支持下,我国生态环境良好区域的数量不断增长。从 2010~2014 年自然生态保护区及国家级自然保护区的建设

情况可以看出(见表4.2[1]),5年间我国自然生态保护区总体发展势头强劲,从2010年的2588个迅猛增长到2014年的2729个,国家级自然保护区的数量也足足增加了109个。"《保护世界文化和自然遗产公约》(1972年)认为,自然保护区是指从历史、艺术、科学、审美或人种学等角度看,具有突出的普遍价值的古迹、建筑群、遗址;从审美、科学、保护等角度看,具有突出的普遍价值的自然景观、地质和地文结构以及明确划为受到威胁的动物和植物生境区、天然名胜或明确划分的自然区域"。[2] 加强自然保护区建设不仅可以保存极其珍贵的自然界的原始"本底",建设庞大的天然基因库,而且能够保存自然界的美学价值,增加生态福利供给。除自然保护区外,政府还通过风景名胜区、国家森林公园建设等提高绿化覆盖率,扩充良好生态区域的范围,促进人与自然的和谐。

表4.2 2010～2014年我国自然生态保护区总数及国家级自然保护区数量

单位:个

年份	自然生态保护区总数	国家级自然保护区数量
2010	2588	319
2011	2640	335
2012	2669	363
2013	2697	407
2014	2729	428

(二)生态福利供给规模显著增大

生态福利的供给规模,反映的是某一阶段国家对增进生态福利的财政支出与该阶段国家的财政总支出之间的关系。简言之,就是通过衡量

---

〔1〕 参见《2010～2014年全国环境统计公报》,载中华人民共和国生态环境部官网:http://www.mep.gov.cn/zwgk/hjtj/,最后访问日期:2018年8月23日。

〔2〕 张晓妮:《中国自然保护区及其社区管理模式研究》,西北农林科技大学农业经济管理学院2012年博士学位论文,第15页。

前者在后者中的占比得出。改革开放以来,我国生态福利供给规模不断扩大,主要体现在国家对增进生态福利的财政支出在国家财政总支出中的比重稳步提高。前文已述,我国用于环境保护的投资是助益生态福利供给的投资,那么,从表4.1可以看出,2000~2012年,环保投资额在财政支出中的比率一直稳定在6.5%~8.5%,其中又以2010年占比最高,达8.47%。如果将每个阶段国家财政的预算外收支全部纳入财政收支基数计算,这个比重还会提高。生态福利供给规模的增大反映了政府为加强生态建设、创造良好人居环境所做出的巨大努力。

(三)生态福利发展结构逐步完善

在生态福利供给总量不断增加,供给规模显著增大的基础上,我国生态福利的发展结构也逐步优化。从中央财政支出的角度看,财政支出结构逐渐调整,财政资金从重点向市场资源配置领域注入,逐步向生态环境保护基础设施建设、公共政策制定、物质性生态产品供给、生态环境质量改善方向倾斜,以往中央财政支出"重经济,轻环保"的状况得到了一定程度的改善。从城乡发展结构看,长期以来,由于社会资源要素和环境资源要素主要向城市集中,农村环境脏乱差现象突出。近几年,农村环境基础设施建设、生态福利供给、公共服务落后的状况得以改进,国家对农村物质性生态产品的投入力度不断加大,管理手段逐步科学,使其环境保护和建设资金严重依赖外筹的问题得到缓解,农村的生态福利受益人口比例不断提高。城乡生态福利配给不平衡、不协调、不可持续的问题得到了一定程度的重视和解决。

虽然我国生态福利的发展取得了相当的成就,但其中还存在很多问题和不足,主要表现在生态福利供需矛盾突出、发展结构不合理、发展机制不完善。

第一,生态福利供需矛盾突出。

改革开放至今,历经40年的发展,我国的经济社会面貌已经焕然一新,从传统农业社会迈入了现代福利社会,从封闭的"控权"社会转变为开放的民主社会。尤其是全面建成小康社会的推进，社会各领域获得飞速发展，人民生活水平不断提高，需要解决的公共问题和供给的公共福利也与日俱增。小康社会是经济、政治、文化、生态全面发展和提升的社会。不仅要求经济方面实现国内生产总值到2020年比2000年翻两番，实现基本工业化，而且要求人们的精神生活和民主权利，社会福利保障，生活环境和生态环境得到明显改善，实现物质文明、精神文明和生态文明的协同共进。

随着全面建成小康社会的不断深化，人们的生活质量大幅提高，我国城乡生态福利需求都出现了旺盛增长的势头。不仅城镇居民的生态福利需求年均提高的幅度较大，广大农民的生态福利需求也呈逐年快速增长态势。近年来，全国各大旅游景区游客量激增的现象就从一个侧面反映了社会公众（包括农村居民）至景观怡人、生态环境良好地区陶冶性情，调适心情，享受生态服务需求的增长。以泰山为例，“2014年，进山游客达到416.53万人，同比增长10.9%”，[1]其他旅游景区如黄山、华山的游客量也迅猛增长，均已接近景区的最大载客量。城乡居民迅速增长的生态福利需求导致我国生态福利供给不足的问题日益凸显。尤其是偏远地方，“如西北地区自然环境恶劣，降水稀少，地带性植被以荒漠戈壁为主，植被覆盖率极低，具有典型旱地农业特征”。[2] 据有关资料显示，“西北半干旱地区的水资源总量约为2048亿立方米，仅占全国总量的7.28%……地表水资源只有1825亿立方米，占全国的5.4%”。[3] 缺水严重加之独特的降雨季节性特征和复杂的气候特点以及高原、盆地、山地相间的地形和土壤特征，致使该地区生态环境脆弱，居民可享受的生态福利十分有限。可见，尽管我国自然环境良好的区域逐年增长，但由于人口基数大、生态环

〔1〕 张冉：《2014泰山旅游逆势上扬　游客人数实现历史性“九连增”》，载大众网：http://www.dzwww.com/sqds/taian/201501/t20150108_11688344.htm，最后访问日期：2015年1月8日。

〔2〕 马柱国、符淙斌：《中国干旱和半干旱带的10年际演变特征》，载《地球物理学报》2005年第3期。

〔3〕 刘晖等：《西北大中城市绿色基础设施之生境营造途径》，载《中国园林》2013年第3期。

境优良区域分布不均衡等原因,仍然不能满足日益庞大且多元化的生态福利需求。

第二,生态福利发展结构不合理。

虽然我国生态福利水平的提高促使其发展结构逐步优化,但发展畸轻畸重,比例失衡的问题依然比较突出。

首先,环保投资比重失衡。表4.1显示,2000~2012年我国环保投资占GDP的比重基本维持在1%~1.9%。从趋势上看,占比并非持续上扬,而是明显存在上下波动的区间,如2005年达1.39%,2006年即回落至1.28%;2010年比2009年上升约0.4个百分点,2011年又下降至2009年的水平,2012年虽有小幅反弹,也仍然没有恢复到2010年的水平。环保投资在GDP中的占比上下反复,一方面,反映了政府对环境问题、生态文明建设重视程度的提高以及可持续发展观念的增强;另一方面,也暴露出环保投资乏力不稳、冲劲不足的问题。据经济学家分析,“一个国家的环保投资占其同期GDP的1%~2%时,才能大体上控制环境污染的发展;而要使环境质量发生明显好转,则花费在环保上的投资需占其同期GDP的3%~5%。从世界各国的现状来看,发达国家环保投资占GDP比例大都在2%~3%”。[1] 如日本“绿化由建设厅投资,山区的治山造林和经营森林费用则由林野厅拨款。虽然林野厅的累积财政赤字已是天文数字,达30兆亿日元,但每年仍是大量投入……美国每年用于森林、草坪等绿化的管护费用也相当惊人,光是花在草坪的维护费用就超过300亿美元,当然森林价值据估计超过了4000亿美元”。[2] 两国用于环境保护的投资占同期GDP的比例均维持在3%左右,甚至以上。我国2000年环保投资占GDP的比重刚刚超过1%,即便是投资额最高的2010年,占比也仅

[1] 《2015年中国环保行业投资现状分析及优化对策建议》,载中国产业信息网:http://www.chyxx.com/industry/201506/325594.html,最后访问日期:2018年4月21日。

[2] 《国外绿化管理法律制度研究报告》,载上海政府法制信息网:http://www.shanghailaw.gov.cn/fzbChinese/page/researchreport/govlegalresearch/govlegalresearch2558.html,最后访问日期:2018年6月25日。

为1.9%。与发达国家相比,我国环保投资总量显著不足,占GDP的比例偏低,仅达到了基本控制环境污染的水平,距离改善和提高环境质量,供给充足生态福利的层次还有一段距离。

其次,生态福利城乡发展结构失衡。我国长期推行城乡二元分治体制,环境建设、环境资源配置及生态福利供给"重城市、轻农村"。国家将有限的环境资源优先分配给城市,对于广大农村地区的环境资源配给重视程度不够,致使农村地区生态福利供给严重不足,城乡之间生态福利共享程度极为不平衡。在城镇居民普遍享受生态观光区,舒适、优美环境的同时,农村居民的一部分物质性生态产品供给、环境基础设施建设等生态福利基本公共服务还没有纳入国家财政预算范围,导致城乡生态福利供给在财政支持这一重要起点上就出现了巨大落差。这种差异的存在不仅背离了公共服务均等化原则,也进一步加剧了城乡之间生态福利水平的差距,不利于我国整体环境保护的协调发展,并最终影响全面建设小康社会目标的实现。尽管随着我国生态文明建设的逐步推进,政府加大了对农村生态环境改造和生态福利供给的扶持力度。但要彻底改变我国城乡生态福利发展结构严重失衡的状态绝非朝夕之事。

最后,生态福利区域发展结构失衡。由于我国东部、中部、西部经济发展水平、资源分布状况差异巨大,从而引发生态福利区际发展的极度不平衡。其中,又以东西部差距最为明显。从财政支出角度看,表4.3显示,[1]1996年东西部GDP差距为25348.3亿元,2000年差距扩大为38842.5亿元;1996年财政支出绝对规模差距为15040336万元,2000年差距扩大至26754161万元;人均财政支出差距也从1996年的238.15元,扩大至2000年的341.86元。这说明西部地方经济发展缓慢,财政支出绝对规模小,人均财政支出偏低。虽然"西部大开发"战略促使国家加大了对西部地区财政的支持力度,但与东部地区相比仍有不小差距。政府

---

[1] 根据1997~2001年《中国统计年鉴》相关数据计算。参见韦海鸣、王雷:《东西部地区财政支出的实证分析》,载《统计研究》2003年第6期。

(包括中央政府和地方政府)是生态福利供给的主导者。各地政府对生态福利的供给能力不同,必然造成生态福利的享用在不同区域存在差异,有的甚至差异明显。东部发达地区,政府财力雄厚,生态福利供给能力自然较强。西部欠发达地区,政府财政底子薄,加之资源匮乏、交通不便,生态福利供给能力明显不足,最终导致东部发达地区的居民生态福利享用较多,西部欠发达地区的居民生态福利享用较少。可见,财政资金不足及其引致的物质基础薄弱是西部地区生态福利发展的一大障碍。

表 4.3　东西部地区财政支出规模比较

年份	GDP/亿元		人口/万人		财政支出绝对规模/万元		人均财政支出/元		人均财政支出差距/元
	西部	东部	西部	东部	西部	东部	西部	东部	
1996	12485.8	37834.1	34875	45373	14068061	29108397	403.39	641.54	238.15
1997	13645.9	42636.2	35187	45757	15885629	33462461	451.46	731.31	279.85
1998	14647.6	46167.9	35530	46064	18485244	39154102	520.27	849.99	329.72
1999	15354.1	49611	35846	46394	21663626	45354549	604.35	977.60	373.24
2000	16649.1	55491.6	35531	49133	26010928	52765089	732.06	1073.92	341.86

第三,生态福利发展机制不完善。

伴随生态文明建设的深入,我国生态福利发展机制逐步形成,但尚处于发端阶段,极不完善。受传统公共产品发展机制的影响,目前我国生态福利也基本沿袭了行政垄断型发展模式,政府依靠行政垄断地位,依托行政法律制度,满足社会公众的生态福利需求。由于社会力量很难介入,导致生态福利供给、分配垄断化、僵硬化问题凸显。具体表现在:

首先,生态福利供给、分配的决策机制尚未完全实现单向决策向双向互动的转变。不可否认,随着社会民主化程度的提高,公众的生态福利需求逐步得到重视,但在生态福利决策过程中并未最终建立良好的双向互动交流机制,公众的需求和偏好被忽视的现象时有发生。各级政府是我国生态福利供给、分配的主要主体。实践中,关于配给何种物质性生态产品及配给数量常常并非取决于公众的实际需求,而是通过政府"自上而下”的决策机制，依托行政力量主导。这与政府为公众提供的参与途径和表达机会有限，连接和协调公众供给和需求的公众参与制度的不完善密切相关。受“一把手独大”“领导意志”现象和追求个人晋升为重心的“政绩观”的影响，生态福利供给、分配的内容和质量往往不是实证调查、集体研究、社会听证、专家论证的结果，而是领导偏好、某组织或集团利益左右的产物。由于没有从公众的实际需求出发，生态福利配给中的“领导项目”“形象工程”屡禁不止。决策机制的不科学直接引发了忽视公众生态福利需求的现实问题，广大社会成员真正需要的青山、绿水、蓝天等生态福利得不到充分保障。

其次，生态福利供给的投融资机制没有最终实现单一性向多维性的转变。目前，我国生态福利供给资金主要源于政府的财政收入。碍于种种限制和壁垒的存在，社会资金和民间资本进入生态福利领域的规模小、进度缓，传统的筹融资机制未得到根本转变。这不仅使政府背负的生态福利供给成本的包袱越来越沉重，而且极易引发资金使用效率低下的问题。虽然生态福利最大化是政府供给生态福利所追求的直接目标，但这绝不意味着可以无视生态福利供给的成本和效率，恰恰相反，从促进我国生态福利发展的现实需要出发，如何实现筹融资机制的根本转变、降低生态福利供给成本、提高供给效率，不仅是需要考虑的问题，而且是需要慎重考虑和亟待解决的基本现实问题。

最后，生态福利的监督机制尚未最终实现单极性向多元化的转变。生态福利的监督包括政府内部监督和公众监督两大部分。实践中，由于生态福利供给、分配信息公开制度不健全，公众获知的相关信息十分有限，有些公众甚至对生态福利配给的基本流程都不了解，根本无法切实有效地监督政府部门及其工作人员的工作状况。因此，当前生态福利的监督主要停留在政府部门内部监督的层面。即便是内部监督也并未完全落实到位。相应监督手段和制度的不完善，使单极性内部监督的效果也大打折扣，没有达到预期的监督效果。

二、我国生态福利立法概况

与生态福利的实践发展同步，国家也通过立法对生态福利的供给、分配和救济进行规范和调整，对我国生态福利供应不足的问题做出了积极回应。迄今为止，我国尚未制定专门的生态福利法来明确、细化建构完善的生态福利法律制度，与生态福利相关的法律规制内容，主要分散在各级各类法律规范文件中。

1. 宪法层面。

《宪法》第9条第2款规定“国家保障自然资源的合理利用，保护珍贵的动物和植物”，第26条规定“国家保护和改善生活环境和生态环境，防治污染和其他公害”。这两个条文明确了国家保护自然资源，保护、改善生活环境和生态环境的义务。按照法理学的基本理论，权利与义务具有法学上的逻辑相关性，即“没有无义务的权利，也没有无权利的义务”，[1]“国家的义务源于社会成员的基本权利，社会成员的基本权利要求并衍生国家义务，国家义务是社会成员基本权利的保障”。[2] 这就意味着，国家的环境保护义务源于社会成员的基本环境权，社会成员的基本环境权要求并衍生国家的环境保护义务，国家的环境保护义务是社会成员基本环境权的保障。从这个意义上说，此两条规定虽然没有直接宣布环境权，却是从规定国家环境义务的角度间接肯认了社会成员享受良好生态环境的权利。被大多数学者理解为是对环境权的隐含性、间接性、宏观性保护。

2. 法律层面。

环境保护基本法和部分单行法对生态福利进行了间接规定。2014年修订的《环境保护法》第1条重新定位了该法的目的，“为保护和改善环

---

〔1〕 参见中共中央马克思恩格斯列宁斯大林著作编译局：《马克思恩格斯选集》（第2卷），人民出版社1972年版，第137页。

〔2〕 蔡守秋：《从环境权到国家环境保护义务和环境公益诉讼》，载《现代法学》2013年第6期。

境,防治污染和其他公害,保障公众健康,推进生态文明建设,促进经济社会可持续发展,制定本法”。与原《环境保护法》相比,这个条款新增了两项内容:第一,“推进生态文明建设”;第二,“可持续发展”。这两项新内容反映了中央政府近年来提倡的两型社会和生态文明建设的战略思想,体现了国家对高品质生态环境保护和供给的高度重视,也为生态福利的法制保障指明了目标和方向。该法第4条规定“保护环境是国家的基本国策。国家采取有利于节约和循环利用资源、保护和改善环境、促进人与自然和谐的经济、技术政策和措施,使经济社会发展与环境保护相协调”,这是首次在环境保护基本法中明确将“保护环境”界定为国家的基本国策,此规定无疑把环境保护工作推向了一个新的战略高度,为生态福利的供给和分配提供了坚实的法律保证。此外,《环境保护法》还对政府保护和供给高品质生态环境的义务与职责进行了细化,是该法2014年修订的一大亮点。如该法第6条第2款规定“地方各级人民政府应当对本行政区域的环境质量负责”,这是针对地方政府的环境质量责任做出的特别规定,该规定有利于督促政府切实维护和提升本行政区域的环境质量,为生态福利的供给、分配夯实基础;该法第8条规定“各级人民政府应当加大保护和改善环境、防治污染和其他公害的财政投入,提高财政资金的使用效益”,此规定明确了政府环保财政投入责任,有助于为生态福利建设筹措资金。不仅如此,修订后的《环境保护法》专门在第三章“保护和改善环境”中增加了有关生态保护红线,生态保护补偿,[1]调查、监测、评估和修复制度[2]等规定,大大细化了各级政府保护和改善生态环境的职责和

---

〔1〕 2014年《环境保护法》第31条规定:国家建立、健全生态保护补偿制度。国家加大对生态保护地区的财政转移支付力度。有关地方人民政府应当落实生态保护补偿资金,确保其用于生态保护补偿。国家指导受益地区和生态保护地区人民政府通过协商或者按照市场规则进行生态保护补偿。

〔2〕 2014年《环境保护法》第32条规定:国家加强对大气、水、土壤等的保护,建立和完善相应的调查、监测、评估和修复制度。

标准，为政府的相关行为提供了较为明确的方向与指导。尤其是第29条[1]和第35条[2]对我国生态区域进行了细致划分，并要求政府根据不同区域的不同特点采取恰当的管理和保护措施，对良好生态区域的建设、保护和生态福利的供给具有重要的指导意义。各级政府是我国生态环境保护事业的规划者、决策者和推动者，也是我国生态福利供给和分配的主导者，倘若其在环境管理过程中懈怠、不作为或乱作为，必将给地方环境和社会公众的健康和福利带来严重后果。原《环境保护法》对政府行为的约束和规范相对缺乏，修订之后的《环境保护法》极大地改善了这种状况，建立了对各级政府的规范和制约制度，一方面，有助于减少政府因规划失误而导致环境问题的发生或生态福利供给、分配不公；另一方面，也加强了政府对环境污染和破坏者的监管和执法。

部分环境保护单行法中同样有间接保障生态福利的规定。例如，《大气污染防治法》在第1条就开明宗义地指出：为保护和改善生活环境，防治大气污染，保障公众健康，推进生态文明建设，促进经济社会可持续发展，制定本法。该法要求国务院和地方各级人民政府，必须将大气环境保护工作纳入国民经济和社会发展计划，合理规划工业布局，加强防治大气污染的科学研究，采取治理大气污染的措施，保护和改善大气环境。《水污染防治法》也有类似规定：为加大水污染防治力度，国家实行水环境保护目标责任制和考核评价制度，将水环境保护目标完成情况作为对地方人民政府及其负责人考核评价的内容。此外，《环境噪声污染防治法》《海洋环境保护法》《固体废物污染环境防治法》《土壤污染防治法》等一系列污染防治单行法对防治污染和其他公害，解决现实和潜在的环境问题，改善和提

---

〔1〕 2014年《环境保护法》第29条规定：国家在重点生态功能区、生态环境敏感区和脆弱区等区域划定生态保护红线，实行严格保护。各级人民政府对具有代表性的各种类型的自然生态系统区域，珍稀、濒危的野生动植物自然分布区域，重要的水源涵养区域，具有重大科学文化价值的地质构造、著名溶洞和化石分布区、冰川、火山、温泉等自然遗迹，以及人文遗迹、古树名木，应当采取措施予以保护，严禁破坏。

〔2〕 2014年《环境保护法》第35条规定：城乡建设应当结合当地自然环境的特点，保护植被、水域和自然景观，加强城市园林、绿地和风景名胜区的建设与管理。

升生态环境品质也发挥着重大作用，为居民享受生态福利奠定了扎实的基础。还有《水法》《森林法》《草原法》《渔业法》《矿产资源法》等多部自然资源单行法为自然资源及生物多样性的保护，规范和约束人们在资源开发利用过程中的行为，促进生态福利的供给和分配做出了重要贡献。同时，《清洁生产促进法》和《循环经济法》也分别从推进清洁生产和发展循环经济的角度助益高品质生态环境的生成，维护社会公众享受生态福利的权利。

3. 行政法规、部门规章及地方性法规中也有间接规制生态福利的规定。

风景名胜区和自然保护区是社会成员享受生态福利的重要场所，《风景名胜区条例》和《自然保护区条例》两部行政法规也因此成为我国生态福利法制体系的重要内容。《风景名胜区条例》以保护“具有观赏、文化或者科学价值，自然景观、人文景观比较集中，环境优美，可供人们游览或者进行科学、文化活动的区域”〔1〕为宗旨，通过规范上述区域的设立、规划、保护、利用和管理，维护区域内的环境质量，实现对风景名胜资源的合理利用；《自然保护区条例》则以保护“有代表性的自然生态系统、珍稀濒危野生动植物物种的天然集中分布区、有特殊意义的自然遗迹等保护对象所在的陆地、陆地水体或者海域，依法划出一定面积予以特殊保护和管理的区域”〔2〕为旨归。条例要求国家对自然保护区实行综合管理与分部门管理相结合的管理体制，以“分级分类”建设和管理为原则，将自然保护区的发展规划纳入国民经济和社会发展计划，妥善处理自然保护区建设与当地经济建设和居民生产、生活的关系。这些规定对于保护良好生态区域内的生态环境与自然资源具有直接而积极的影响和作用，推动了生态福利的有效供给，缓解了生态福利的供需矛盾。2008 年 9 月根据《国务院关于落实科学发展观加强环境保护的决定》，国家环境保护部印发了

〔1〕《风景名胜区条例》第 2 条第 2 款：本条例所称风景名胜区，是指具有观赏、文化或者科学价值，自然景观、人文景观比较集中，环境优美，可供人们游览或者进行科学、文化活动的区域。

〔2〕《自然保护区条例》第 2 条规定：本条例所称自然保护区，是指对有代表性的自然生态系统、珍稀濒危野生动植物物种的天然集中分布区、有特殊意义的自然遗迹等保护对象所在的陆地、陆地水体或者海域，依法划出一定面积予以特殊保护和管理的区域。

《全国生态脆弱区保护规划纲要》，以部门规章的形式加强了对生态脆弱区的保护和监管力度，通过实施“三区推进”（自然保护区、重要生态功能保护区和生态脆弱区）的生态保护战略，为改善生态脆弱区的生态环境，扩大良好生态区域的范围提供了保障。2012 年 4 月环境保护部又制定了《国家生态建设示范区管理规程》，进一步规范国家生态建设示范区创建工作，促进国家生态建设示范区建设规划、申报、评估、验收、公告及监督管理等工作的科学化、规范化和制度化，一方面，充分发挥该类区域的示范作用；另一方面，积极拓展居民享受生态福利的场所。2018 年 12 月 10 日文化和旅游部审议通过《国家级文化生态保护区管理办法》，明确了国家级文化生态保护区申报设立的条件和程序，对具有重要价值和鲜明特色的文化形态进行区域性整体保护，最终目的是让民众享受更多的生态福利。地方性法规中，2009 年修订通过的《宁夏回族自治区环境保护条例》[1]、2009 年修订通过的《深圳经济特区环境保护条例》[2]、2012 年 3 月修订通过的《福建省环境保护条例》[3]、2016 年修订通过的《上海市环境保护条例》[4]都对社会成员的环境权（包括生态福利权）进行了明确规

---

〔1〕《宁夏回族自治区环境保护条例》第 7 条规定：任何组织和个人有享受良好环境的权利和履行保护环境的义务，有权检举、控告违反环境保护法律法规的行为，有权对环境保护工作提出意见和建议。条例要求县级以上人民政府应当将环境保护规划纳入国民经济和社会发展规划，并对环境质量负责。县级以上人民政府应当将环境保护投入纳入本级财政预算。自治区实行环境保护目标责任制，将环境保护目标责任制完成情况作为对各级人民政府及其主要负责人工作考核评价的内容。上级人民政府对下一级人民政府落实环境保护目标责任制的情况进行考核。考核结果应当向社会公布。

〔2〕《深圳经济特区环境保护条例》第 60 条规定：单位和个人享有在良好环境中生活、获取环境信息、参与环境监督管理以及得到环境损害赔偿的权利。条例还明确规定：城市发展应当遵循环境优先原则。鼓励公众参与环境保护。鼓励发展循环经济和低碳经济，促进清洁生产和绿色消费，建设资源节约型、环境友好型社会。

〔3〕《福建省环境保护条例》第 8 条第 2 款规定：公民有享受良好环境的权利和保护环境的义务。任何单位和个人有权对污染和破坏环境的单位和个人进行检举和控告；有权在受到环境污染损害时要求赔偿。

〔4〕《上海市环境保护条例》第 5 条规定：公民依法享有获取环境信息、参与和监督环境保护的权利，有权举报和监督环境违法行为，通过环境侵权诉讼等方式维护自身环境权益。同时条例还进一步要求：本市各级人民政府应当对本行政区域的环境质量负责，推进本行政区域内的生态文明建设和环境保护工作，使经济社会发展与环境保护相协调。市和区人民政府应当制订环境保护目标和年度实施计划，组织推进环境基础设施建设，推进环境信息公开，持续改善本行政区域的环境质量。

定,同时结合本地特色,对当地的环境保护工作进行了细致的规范和调整,为居民普遍享受生态福利提供了有力的法律支持。

尽管上述立法并非专门为发展生态福利而出台,但其对改善环境品质,提升环境的审美价值,促进生态利益的生成均产生着积极影响。生态福利是一项庞大而复杂的系统工程,需要以高品质生态环境的可持续供给为前提和基础。而高品质生态环境的生成又有赖于环境质量的优良和自然资源的富足。宪法有关环境保护的规定、环境保护基本法、污染防治法、自然资源单行法及其他法规分别从不同的角度和侧面调整和规范着环境资源法律关系,它们都有着共同的价值向度和功能——优化环境,保护资源,实现生态可持续发展。这恰恰是保证生态福利可持续性的充要条件。从这个意义上说,这些法律、法规都具有间接调整、保护、规范生态福利的作用。

第二节　我国生态福利法律制度的现存问题

虽然前述立法为我国生态福利法律制度建设打下了基础,但不可否认的是,我国生态福利法律制度还存在很多问题,厘清这些,有助于进一步有的放矢地完善我国生态福利法律制度体系,进而从根本上提升生态福利发展水平。

一、现行法律法规鲜有对环境权的直接规定

生态福利权是社会成员为提升生活质量而请求政府免费或低费供给高品质生态环境的权利,是环境权的高级样态和具体化。

然而,对于我国现行环境法律法规是否已将环境权作为一项独立的法律权利予以明确的问题,学术界争论颇多。直接肯定说认为,《宪法》第26条[1]的规定就是对环境权的确认。[2] 间接肯定说认为,“1972年以

〔1〕《宪法》第26条规定:国家保护和改善生活环境和生态环境,防治污染和其他公害。
〔2〕参见罗典荣、陈茂云:《环境权初探》,载《法学研究》1988年第3期。

来,环境权立法获得长足发展。我国法律虽然没有明确宣布环境权,但已有涉及环境权的法律规定";[1]"虽然我国立法未明确环境权,但实际上是通过立法保护主体某一方面或某一具体环境权利的间接方式,来体现对抽象环境权的法律保护"。[2] 否定说则认为,"当前环境权仅是一项概括性、抽象性权利,在法律中尚未得到确定,更没有将它具体化,不具有独立性";[3]"目前环境权还没有明确列入法律规范,其性质和内容尚不确定、主体不明确,这也给司法实践带来了很大的困难"。[4]

笔者认为,我国部分地方性环境法规中已有对环境权的直接规定,如前文提及的《福建省环境保护条例》《宁夏回族自治区环境保护条例》《深圳经济特区环境保护条例》《上海市环境保护条例》等。《宪法》中有关保护环境、自然资源的规定[5]多着眼于国家的环境保护职责,根本而言是对国家权力的明确。环境保护基本法中的规定,[6]主要侧重于公民、法人、其他组织的环境保护义务,强调一切单位和个人对国家管理的服从。对权利概念的经典表述是"规定或隐含于法律规范中、实现于法律关系中的、主体以相对自由的作为或不作为的方式获得利益的一种手段"。[7]因此,法律中权利多以授权性规范,而非义务性或强制性规范的形式出现。虽然权利与义务具有相对性,但义务性规范本身并不能等同于对权利的规定。如此看来,宪法及环境保护基本法中的相关规定只能视为对

---

〔1〕 蔡守秋:《论环境权》,载《金陵法律评论》2002年(春季卷)。

〔2〕 韦联春:《环境权的立法保护》,载《法学》1994年第6期。

〔3〕 唐谢敏:《论环境权》,载《求索》2002年第1期。

〔4〕 林萍:《关于环境权设置的初步构想》,载《环境保护》2002年第1期。

〔5〕 主要指《宪法》第9条、第26条规定:矿藏、水流、森林、山岭、草原、荒地、滩涂等自然资源,都属于国家所有,即全民所有;由法律规定属于集体所有的森林和山岭、草原、荒地、滩涂除外。国家保障自然资源的合理利用,保护珍贵的动物和植物。禁止任何组织或者个人用任何手段侵占或者破坏自然资源。第10条规定:城市的土地属于国家所有。农村和城市郊区的土地,除由法律规定属于国家所有的以外,属于集体所有;宅基地和自留地、自留山,也属于集体所有等。

〔6〕 主要指2014年《环境保护法》第6条规定:一切单位和个人都有保护环境的义务。地方各级人民政府应当对本行政区域的环境质量负责。企业事业单位和其他生产经营者应当防止、减少环境污染和生态破坏,对所造成的损害依法承担责任。公民应当增强环境保护意识,采取低碳、节俭的生活方式,自觉履行环境保护义务。

〔7〕 张文显:《法理学》,高等教育出版社、北京大学出版社1999年版,第109页。

环境权的间接肯定,而非直接明确。也就是说,尽管我国现行环境法律规范中有对环境权的直接规定,但仅停留在法规层面且着墨甚少,更高层级的宪法、环境保护基本法均无对环境权的明确规定。

"一项制度如果不能具体化或成为公民可获得的权利,那么这项权利根本无法得到保障。"[1]足见权利在法律制度体系中的重要地位。生态福利权是生态福利法律制度的核心。而作为生态福利权源头和基础的环境权迟迟不能在高位阶法律中得到明确的肯定和表达,的确不利于为环境保护和生态福利法律制度建设提供强有力的支撑,无法使环境价值和生态福利获得持久保障。

二、生态福利法律体系内容散乱

从前述法律、法规规定的情形可见,当前我国生态福利法律制度的内容分散在几十部法律、法规、规章之中,彼此间缺乏基本的关照与协调,原则性规定居多,具体规定甚少。这些法律规范性文件基本未直接冠以"生态福利法律制度"之名,不是以建立生态福利法律制度为目标专门设定,而是从应对生态福利供给不足的问题出发,在不同的法律、法规、规章中部分规定了环境权、政府的环境保护职责和生态福利供给、分配义务。我们可以把这些内容都贴上生态福利法律制度的"标签",但由于国家对生态福利法律制度缺乏整体设计,因此,我国生态福利法律制度体系既不系统也不完善。我国之所以欠缺对生态福利法律制度的宏观架构,原因在于:(1)生态福利法律制度的发展尚处起步阶段。尽管生态福利法律制度在20世纪就已经风靡发达国家,在我国却是近年来才被关注并发展,所以旧有的生态福利法律制度多为我们贴"标签"的产物,且大部分内容并未参考发达国家的立法和实践经验。(2)尚未形成对生态福利法律制度的统一认识。综观发达国家生态福利法律制度的发展不难看出,至今各

---

〔1〕 吕忠梅:《超越与保守——可持续发展视野下的环境法创新》,法律出版社2003年版,第234页。

国对生态福利法律制度尚未形成统一的定义。而国内学者对国外该制度的关注和介绍也相对较少,更没能明确界定生态福利法律制度的内涵。尽管学者们在某些方面达成了共识,但对生态福利法律制度具体内容的认识还存在分歧。例如,大家多认为《环境保护法》、自然资源单行法、《风景名胜区条例》和《自然保护区条例》等都确立了生态福利法律制度的部分内容,但究竟哪些条文属于该制度的具体内容,还存在纷争。由此看来,我国生态福利法律体系内容散乱,总体框架尚未形成。

三、生态福利供给制度不完善

与发达国家相比,我国生态福利供给制度起步较晚。“20 世纪 50 年代才正式开启以自然保护区为主要形式的国家公园管理历程”,[1]开始生态福利供给制度的建设和发展。自然保护区是我国在借鉴美国国家公园理念的基础上设立的“具有鲜明中国特色的国家公园”。[2] 历经 60 余年的发展,我国的国家公园管理体制已逐渐演变为“自然保护区、风景名胜区、国家森林公园、文物保护单位、国家地质公园、国家湿地公园、国家城市湿地公园、水利风景区、A 级旅游景区九种类型”。[3][4] “国家林业

[1] 郭宇航、包庆德:《新西兰的国家公园制度及其借鉴价值研究》,载《鄱阳湖学刊》2013 年第 4 期。

[2] 王永生:《国家公园的形成与发展》,载《西部资源》2006 年第 2 期。

[3] 我国国家级自然保护区体系始建于 1956 年广东省肇庆市建立的鼎湖山国家级自然保护区,同年,文化部公布第一批国家重点文物保护单位。自此,中国形成了由国家环境保护部和国家文化部承担遗产资源保护职责的基本格局。随后,国家林业局、国家旅游局等部门纷纷加入到国家级自然保护区体系建设中,成立了一批具有国家意义的保护地。1982 年国家林业局批准设立国家森林公园、国家建设部(2008 年更名为“住房和城乡建设部”)开始设立国家重点风景名胜区。2001 年国土资源部开始设立国家地质公园、水利部设立国家水利风景区,国家旅游局开始 A 级旅游景区评定工作。2004 年建设部批准设立国家城市湿地公园,2005 年国家林业局批准设立国家湿地公园,国土资源部批准建立国家矿山公园。截至 2007 年年底,除港澳台地区外,中国各类国家级保护区总数达 4897 处,区域分布上具有不均衡性。其中,华北与华东各省较为集中,分别占全国总数的 19.79% 和 25.40%。参见张海霞、汪宇明:《旅游发展价值取向与制度变革:美国国家公园体系的启示》,载《长江流域资源与环境》2009 年第 8 期。

[4] 戴秀丽、周晗隽:《我国国家公园法律管理体制的问题及改进》,载《环境保护》2015 年第 7 期。

局和云南省也早在2005年前就着手进行首个以国家公园命名的建设试点,2007年6月21日云南省迪庆藏族自治州香格里拉普达措国家公园正式揭牌成立,成为我国大陆第一个'真正'的国家公园。2008年10月8日环境保护部和国家旅游局又联合宣布黑龙江汤旺河国家公园为国家公园试点"。[1] 在此过程中,生态福利供给法律机制也逐步完善,形成了一个以《自然保护区条例》和《风景名胜区条例》为核心的法律规范体系。尽管如此,受制于旧有行政体制、立法理念等多方面因素的影响,我国的生态福利供给制度依然存在诸多问题,具体表现在:

1. 立法目的不全面。例如,按照《自然保护区条例》的规定,其设立目的在于"加强自然保护区的建设和管理,保护自然环境和自然资源",而并未提及对环境资源的合理利用与开发,是一种典型的"严格保护"策略。这种策略并非完全不妥,对保护区核心区域及珍贵、稀有、濒危的野生动植物物种加以"严格保护"不仅是合理的,而且是必要的,但对其他区域则应当秉持"充分保护与有效利用"相结合的原则,进行适度开发和利用,实现环境资源保护与合理利用的"双赢",切实保障社会成员享受生态福利的权利。事实上,《自然保护区条例》第18条[2]已经体现了分区管理、保护和利用的思想,但该理念未在立法目的中得到充分、全面的反映。立法目的是法律规范的灵魂,如果内容不全面甚至不明确必定会影响整部法律规范的实施效果。

2. 立法层级低,内容不协调。我国生态福利供给立法,除《自然保护区条例》和《风景名胜区条例》是行政法规外,其他大部分规范都属于部

---

〔1〕 唐芳林、孙鸿雁:《我国建立国家公园的探讨》,载《林业建设》2009年第3期。

〔2〕 《自然保护区条例》第18条规定:自然保护区可以分为核心区、缓冲区和实验区。自然保护区内保存完好的天然状态的生态系统以及珍稀、濒危动植物的集中分布地,应当划为核心区,禁止任何单位和个人进入;除依照本条例第二十七条的规定经批准外,也不允许进入从事科学研究活动。核心区外围可以划定一定面积的缓冲区,只准进入从事科学研究观测活动。缓冲区外围划为实验区,可以进入从事科学试验、教学实习、参观考察、旅游以及驯化、繁殖珍稀、濒危野生动植物等活动。原批准建立自然保护区的人民政府认为必要时,可以在自然保护区的外围划定一定面积的外围保护地带。

门规章或地方性法规，立法位阶较低，实施效果差。由于欠缺高位阶法律的统领和协调，有些法规、规章在生态福利供给问题上，指导原则不统一，内容交叉甚至相互冲突，具体管理和建设方面缺乏硬性规定，使整个生态福利供给制度呈现一种低层次且不调和的状态。

3. 立法体系缺乏整体性，可操作性差。我国现有生态福利供给法律机制很大程度上是以往部门利益博弈的结果。当前的 9 种国家公园类型分别由《自然保护区条例》《风景名胜区条例》《国家城市湿地公园管理办法》《国家级森林公园管理办法》《国家湿地公园管理办法》《文物保护单位保护管理暂行办法》《水利风景区管理办法》等条例及办法规范和约束，立法较为分散，缺乏整体统一的体系，这也是导致其实践操作性差及部门多头管理问题的直接原因。

四、生态福利分配制度不科学

生态福利属于非营利性社会公共服务，不具有商业性，无法创造国民收入，只能通过第二次分配获得财政支持。资金来源主要是环境税。作为主体税种之一，环境税的税款专项用于环境质量的改善，它为生态福利分配提供着相当重要的资金支持。生态福利的分配过程就是政府通过征收环境税积累资金，再通过对良好生态区域实行免费或低费开放的方式将优质的生态环境平等、公平地分配给社会成员。因此，环境税制和良好生态区域免费或低费开放机制构成了生态福利分配制度的两项基本内容。然而就目前我国的状况而言，这两项内容均存在缺陷，设置不科学。详言之：

1. 环境保护税收法律制度体系不健全。2016 年 12 月 25 日历经 6 年酝酿，两次审议的《环境保护税法》获得通过，于 2018 年 1 月 1 日起施行。这是继“税收法定原则”后，我国首部单行税法，标志着我国迈入税收法制化的新阶段。该部税法以“绿色”为主基调，通过依法推进“环保税法”的实施，着力解决排污费制度存在的执法刚性不足，干扰因素过多等问题，对促进企业节能减排和产业结构调整，发展绿色税制体系具有积极意义。我国的环境保护税收法律制度体系虽然因此法的施行而愈加完善，但依然存在诸多问题，既限制了税收对环境保护的调节力度，又难以形成用于高品质生态环境建设及良好生态区域免费或低费开放的专项资金来源。具体表现在：(1)应税污染物的范围过窄。《环境保护税法》将应税污染物限定在大气污染物、水污染物、固体废物和噪声四类，固然考虑到其在环境污染物中的高额占比及对环境影响的程度，但实际上，近年来流动污染物和挥发性有机物等其他污染物对环境造成的污染和破坏也与日俱增，不容小觑。据有关数据显示，"截至 2017 年 3 月底，我国机动车保有量首次突破 3 亿辆，其中汽车达 2 亿辆；机动车驾驶人超 3.64 亿人，其中汽车驾驶人 3.2 亿人"。[1] 机动车保有量的逐年提升，在便利人们生活的同时，也使尾气迅速成为大气污染物中的重要类型。当然，现实生活中，尾气污染绝不仅源于机动车，还包括非道路移动机械、船舶、航空器等。但这些都被《环境保护税法》列为"暂予免征环境保护税"的污染物，值得考虑。(2)税收征管模式存在弊端。《环境保护税法》实施后，环境保护费改税，征收部门由此前单一的环境保护部门转换为税务机关与环境保护部门协同配合，具体操作模式为：纳税人依法如实进行纳税申报，并对申报材料的真实性和完整性负责；税务机关负责征收管理，环境保护部门负责污染物监测管理，环境保护主管部门和税务机关应当建立涉税信息共享平台和工作配合机制。这种"企业申报，税务征收，环保监测，信息共享"的模式确属税收征管领域的一大创新，但实际操作过程中依然面临诸多挑战，环境税对征管部门的环保技术要求较高，而税务部门的相关知识和经验比较匮乏，环保部门在此方面的信息储备和技术优势则比较明显，那么双方掌握的信息可能存在较大差异。虽然《环境保护税法》要

---

〔1〕 中国产业发展研究网：《2017 年中国机动车保有量快速增长首次突破 3 亿辆，汽车保有量首次超 2 亿辆，汽车后市场发展潜力无限》，载中国产业发展研究网：http://www.chinaidr.com/tradenews/2017-05/112773.html，最后访问日期：2018 年 8 月 15 日。

求建立涉税信息共享平台和工作配合机制,但在涉税信息共享平台尚不完善,工作配合又不顺畅的情况下,基于信息的不对称,工作效果可能会大打折扣。即便涉税信息共享平台完备,也不可能将所有的相关数据都纳入平台数据库,再加上税务机关获得的数据都来自企业的自行申报,其中是否存在瞒报、谎报的现象也需要进一步查实。准确、真实的信息是进行税收征管的重要前提和依据,如何在协作模式下,保证涉税信息的真实、准确、完整是值得思考的一个问题。(3)税收优惠措施形式单一。当前税制中为落实环境保护政策而实施的税收优惠措施主要有减税和免税两种形式,比较单一,针对性、灵活性和适用性不足,受益面较窄,优惠力度不够,不能充分发挥税收优惠政策的积极导向作用。发达国家普遍采取的加速折旧、再投资退税、延期纳税等税收优惠方式在我国均未被适用。

2. 良好生态区域免费或低费开放机制不完善。由于我国现行环境税制存在上述问题和不足,累积环境保护专项资金的功能有限,因此良好生态区域免费或低费开放机制建设也受到极大影响。相较发达国家,我国景区的门票价格显得比较昂贵(见表4.4[1]),与生态福利分配的免费或低成本性要求相去甚远。据资料显示,"我国景区门票价格位居世界第一,而拥有多个国家级保护区标签的风景名胜区门票价格更是持续高涨,九寨沟、黄山、神农架等景区最高涨幅达16倍"。[2] 有网友统计,玩遍中国5A景区,门票总消费高达19085元,[3]让普通民众和低收入者望而却步。甚至个别遗产地不出售学生票、老年票,这与照顾弱势群体,实现生态福利平等、公平分享的正义原则背道而驰。

---

[1] 参见刘鹏飞、梁留科、刘英:《中美国家风景名胜区门票价格比较研究》,载《地域研究与开发》2011年第30期。转引自陈耀华、黄丹、颜思琦:《论国家公园的公益性、国家主导性和科学性》,载《地理科学》2014年第3期。

[2] 张文菊、杨晓霞:《我国旅游门票研究综述》,载《人文地理》2007年第2期。

[3] 参见《武汉晚报》:《统计显示玩遍国内5A景区门票要花19085元》,载新浪财经网:http://finance.sina.com.cn/china/20121008/062813301236.shtml,最后访问日期:2012年10月8日。

表 4.4　2008 年中国风景名胜区/国家公园门票价格与人均可支配收入比例

国别	代表景区	门票价格/(元/人次)	当年全国人均可支配收入/万元	占月人均可支配收入的比例/%
中国	泰山风景名胜区	125	1.58	9.5
	武陵源风景名胜区	248		18.8
	武当山风景名胜区	180		13.7
	黄龙寺—九寨沟风景名胜区	420		31.9
	庐山风景名胜区	180		13.7
	黄山风景名胜区	202		15.3

五、生态福利救济制度不完备

倘若政府有关部门不履行或不切实履行生态福利供给、分配义务，遭受侵害的生态福利权人可以通过行政机关内部途径和司法途径两种方式获得救济。换句话说，生态福利救济制度主要包括生态福利权的行政救济和生态福利权的司法救济两部分内容。当前我国这两种救济方式都不尽完善。

1. 目前我国并无独立的生态福利权行政救济机构，更没有建立多层次的生态福利权行政救济体制。发达国家普遍设置了生态福利权行政救济机构。在性质上，它们属于行政机关的组成部门，但又保持着相对独立性。这种独立性主要表现在两个方面：一是职能分离，即行政机关的行政管理职能与救济机关的争议处理职能各自独立。救济机关与行政机关分别设立，救济机关只对生态福利权纠纷进行裁决，不负责其他行政管理事项。二是救济机构人员地位的保障，即他们的身份、待遇以及所作决定都受到相应保障，以避免受到不必要的干预。如美国的申诉委员会专门负责包括生态福利权在内的福利权行政救济工作。生态福利权人申请行政救济一般按照以下几个步骤进行：(1)如果对行政机关的决定不服，可以申请行政机关内部复审，但主持复审的官员不能是最初作出决定的行政机关的官员。在此过程中,申请人有权提交新证据。(2)如果对复审决定不服,申请人可向联邦行政法官要求听证,经过听证后,行政法官独立作出决定。(3)如果对行政法官的决定不服,申请人可以向申诉委员会申诉,这也是行政救济的最后一个阶段。(4)如果对申诉委员会的决定不服,申请人还可以向联邦地方法院提起诉讼。[1] 可见美国的生态福利权行政救济不仅救济机构独立,而且建立了多层次的救济体制,既保证了纠纷处理的公正性,使生态福利权人的权利获得充分保障,又有利于生态福利纠纷在行政系统内部得到处理,减轻法院负累。相比之下,我国并没有设立专门的生态福利权行政救济机构,更无法形成以之为中心设立多层次的生态福利权行政救济体制,不利于生态福利权纠纷的快捷、高效处理,节约司法资源。

2. 生态福利权司法救济不完善。虽然生态福利权行政救济有很多法院不可比拟的优势,但也无法取代司法救济。司法救济是确保生态福利权获得充分公正救济的必要途径。实践中,生态福利权人主要通过提起环境行政公益诉讼的方式获得司法救济。

通常情况下,政府应当代表全体社会成员对生态环境进行保护,并将品质优良的环境作为一种福利平等、公平地供给、分配给全体社会成员。在此过程中,倘若出现了“政府失灵”,传统的私权利救济途径又“爱莫能助”时,就需要我们寻求一种公权力救济方式,即环境行政公益诉讼。从属性上看,环境行政公益诉讼是行政公益诉讼的组成部分,它是针对环境行政违法提起的行政公益诉讼。当前,我国环境行政公益诉讼的发展不容乐观,存在诸多法律障碍。

第一,原告起诉资格规定不明确。根据 2017 年 6 月修正的《行政诉讼法》第 25 条第 1 款的规定,行政行为的相对人以及其他与行政行为有利害关系的公民、法人或者其他组织,有权提起诉讼。这一规定要求原告

---

〔1〕 参见周汉华:《行政复议司法化:理论、实践与改革》,北京大学出版社 2005 年版,第 488 ~ 490 页。

是行政相对人或者必须与行政行为有“法律上的利害关系”。所谓法律上的利害关系是指某一行政行为直接侵害了该主体的合法权利或利益,并使其受有损害。在2000年最高人民法院《关于执行〈中华人民共和国行政诉讼法〉若干问题的解释》出台之前,我国一直要求只有行政相对人才有权提起行政诉讼。如此看来,2017年修正的《行政诉讼法》已经放宽了原告资格。即便如此,仍然无法满足现实社会迅速发展的需要。当前司法实践中,环境行政公益诉讼具有复杂性、行为广泛性及后果不确定性的特点,导致适用“法律上的利害关系”说确定原告资格非常困难。如政府的生态福利供给、分配决策往往影响的不仅是行政相对人,而是涉及一个区域的大多数人,当作为公共产品的生态环境受到污染和破坏,进而导致政府无法有效供给和分配生态福利时,哪些人可以对此主张权利,其权利受侵害的程度有多大都不易明确。在此情况下,根据“法律上的利害关系”确定原告资格,难以实际操作。

第二,受案范围规定不清晰。《行政诉讼法》第2条第1款规定:“公民、法人或者其他组织认为行政机关和行政机关工作人员的行政行为侵犯其合法权益,有权依照本法向人民法院提起诉讼。”这是对行政诉讼受案范围的原则性规定。在此基础上,该法第12条第1款采取列举方法进一步限定了行政诉讼的受案范围。[1] 其第2款又补充规定:“除前款规

---

〔1〕《行政诉讼法》第12条:人民法院受理公民、法人或者其他组织提起的下列诉讼:(1)对行政拘留、暂扣或者吊销许可证和执照、责令停产停业、没收违法所得、没收非法财物、罚款、警告等行政处罚不服的;(2)对限制人身自由或者对财产的查封、扣押、冻结等行政强制措施和行政强制执行不服的;(3)申请行政许可,行政机关拒绝或者在法定期限内不予答复,或者对行政机关作出的有关行政许可的其他决定不服的;(4)对行政机关作出的关于确认土地、矿藏、水流、森林、山岭、草原、荒地、滩涂、海域等自然资源的所有权或者使用权的决定不服的;(5)对征收、征用决定及其补偿决定不服的;(6)申请行政机关履行保护人身权、财产权等合法权益的法定职责,行政机关拒绝履行或者不予答复的;(7)认为行政机关侵犯其经营自主权或者农村土地承包经营权、农村土地经营权的;(8)认为行政机关滥用行政权力排除或者限制竞争的;(9)认为行政机关违法集资、摊派费用或者违法要求履行其他义务的;(10)认为行政机关没有依法支付抚恤金、最低生活保障待遇或者社会保险待遇的;(11)认为行政机关不依法履行、未按照约定履行或者违法变更、解除政府特许经营协议、土地房屋征收补偿协议等协议的;(12)认为行政机关侵犯其他人身权、财产权等合法权益的。除前款规定外,人民法院受理法律、法规规定可以提起诉讼的其他行政案件。

定外,人民法院受理法律、法规规定可以提起诉讼的其他行政案件。”这表明行政诉讼的受案范围是开放而非封闭的。尽管如此,两个条文依然把行政诉讼的受案范围重点限定于行政机关侵犯人身权、财产权方面的案件,而并未明确将环境权(包括生态福利权)遭受侵害的案件列入行政诉讼的受案范围。虽然《行政诉讼法》第 12 条第 2 款的开放性条款可以理解为包涵环境权遭受侵害的案件。不过,这种间接性规定的方式正是我国法律落后于现实需求的一个重要表现。正如蔡守秋教授所言,人身权、财产权和环境权(包括生态福利权)都属于行政部门的保护范围,如果行政机关的行为侵犯了社会成员的环境权(包括生态福利权),法院当然应当为受害人提供救济,纠正环境行政违法行为。

第三,举证责任分担不合理。司法实践中,环境行政公益诉讼的原告要求承担证明行政机关的行政行为与损害结果之间存在切实因果关系的责任,无疑增加了受害人的诉讼难度。与传统侵权不同,环境行政侵害的加害主体实施加害行为需要借助环境这一中间媒介才能形成损害结果。这就使行政违法行为与损害结果之间的因果关系变得间接、复杂且不易把握,更何况其中还可能涉及相当专业的环境技术知识。在此情形下,责令原告承担因果关系证明责任恐怕难度较大。

第四,诉讼费用阻却公众参与。但凡诉讼都会牵扯起诉人的时间、精力,起诉人需要为之负担起诉成本,承担败诉风险。鉴于环境行政公益诉讼的复杂和繁琐,其产生的合理消耗就会更多。一旦胜诉,起诉人还面临被“搭便车”的问题。倘若再令其承担高昂的诉讼费用,就会使他们产生不平衡心理,进而厌诉、弃诉,不利于及时制止环境行政违法行为,保障社会成员的生态福利权,难以伸张环境正义。

第五章　我国生态福利法律制度的完善

2013年11月12日党的十八届三中全会通过的《中共中央关于全面深化改革若干重大问题的决定》特别强调“建设生态文明,必须建立系统完整的生态文明制度体系”,“用制度保护生态环境”,并明确要求“坚定不移实施主体功能区制度,建立国土空间开发保护制度,严格按照主体功能区定位推动发展,建立国家公园体制”。决定首次提出的“用制度保护生态环境”,建立作为生态福利供给制度基本内容的国家公园体制等内容,为我国生态福利法制建设提供了可靠的政策性指导和制度性支持。2015年4月25日中共中央、国务院发布的《关于加快推进生态文明建设的意见》明确指出“建立国家公园体制,实行分级、统一管理,保护自然生态和自然文化遗产原真性、完整性”;同时规定“建立生态保护修复和污染防治区域联动机制”。同年9月21日中共中央、国务院印发的《生态文明体制改革总体方案》要求坚持节约优先、保护优先、自然恢复为主的方针,保障国家生态安全,改善环境质量。2017年9月中共中央办公厅、国务院办公厅联合印发了《建立国家公园体制总体方案》,对国家公园体制建设做出了总体安排和部署,明确了国家公园建设的总体要求、管理体制、基本制度等内容。同年10月18日党的十九大报告进一步指出:“构建国土空间开发保护制度,完善主体功能区配套政策,建立以国家公园为主体的自然保护地体系。”这些规定不仅明确了我国生态文明建设的具体步骤，而且也为我国生态福利法律制度建设奠定了政策基础。我国现行生态福利相关法律制度在促进与保障生态福利发展方面存在诸多问题和缺陷，但我们不可能期望通过修订几部法律，制定几个规章就能彻底解决问题。不经过充分论证而盲目、大量立法不仅可能导致所立法律缺乏科学性与适用性，无助于生态福利良好法律制度的建立，更可能导致立法成本的增加以及生态福利供给、分配的低效。理性分析我国生态福利法律制度问题与不足的成因，并以最经济、最合理的方式加以解决，才能建构一个良性运转的生态福利法律制度体系，进而推动我国生态福利健康发展。在制度设计方面，既要合理借鉴发达国家的先进经验，又不能照搬照抄某一国家的制度模式，而应从我国的国情出发，以最符合我国生态文明建设以及绿色发展、共享发展要求的方式完善我国生态福利法律制度。

第一节　以生态福利权为核心建构我国生态福利法律制度体系

通过对我国生态福利法律制度的考察与反思，我们似乎可以将其中存在的问题归结为一点，那就是权利意识淡薄。正是因为权利意识不足，所以无论是宪法、法律还是法规、规章，都鲜有对环境权（包括生态福利权）的直接规定；正是因为权利观念缺乏，生态福利权的平等、公平保护演变成了生态福利供给不足、分配不公且相应制度不完善、不科学；还是因为权利意识欠缺，生态福利权才缺少完备的保障和救济手段。因此，要解决我国生态福利法律制度中存在的诸多问题，就必须以生态福利权为核心建构我国生态福利法律制度体系，完善生态福利供给、分配和救济机制。环境权是生态福利权的基础和源泉，生态福利权是环境权的高级样态和具体化，因此，强化对生态福利权的保护，完善我国生态福利法律制度首先需要将环境权写入宪法。

一、在宪法中明确规定环境权

20世纪60年代,"环境权"一经提出就迅速吸引了学者的目光,激发了其浓厚的研究兴趣。随着相关理论的发展和研究的不断深入,环境权逐步成为环境法学不可回避的热点,更有学者将其视为环境法学研究中的"显学"。[1] 牙签万轴的文献充实了环境权的内容,拓展了环境权的研究视野。但不容否认,时至今日该理论仍是所有法律部门中最富有争议的课题之一。应否将环境权纳入宪法是"我国环境权立法遭遇的最大问题",[2]也是学者争论得最为激烈的问题。肯定说认为,"从国际人权发展趋势和我国的国情考虑,应在宪法中明确规定环境权",[3]"环境权应作为宪法规定的基本权利之一";[4]否定说则认为,"目前在我国,环境权入宪还存在理论和实践上的障碍,待时机成熟后再考虑将环境权写入宪法",[5]其中谈及的"理论与实践上的障碍"主要指"环境权的不确定性、自然法意味浓厚及排斥利益衡量,因而难以成为一项可诉的权利"。[6]本书认为,在我国全面建成小康社会,加快推进生态文明建设,着力实现美丽中国梦的现实背景下,政府已将环境保护工作提上重要议事日程,但作为环境法核心权利的环境权依然停留在道德或宣言层面已不合时宜,无法满足理论与实践发展的需要,应将其明确写入宪法。

在"权利至上"的时代,要求各种权利入宪的呼声此起彼伏。环境权自然不会因为呼声高昂而具有入宪的正当性,而是基于更深层次的原因。

(一)环境权入宪的必要性

第一,生态危机肆虐,构成对人性尊严的威胁与挑战。随着环境问题

---

〔1〕 张一粟、陈奇伟:《论我国环境权入宪的基本架构》,载《法学论坛》2008年第7期。

〔2〕 吕忠梅:《环境权条款应写入宪法》,载《中国青年报》2004年8月13日,第4版。

〔3〕 余俊、韦志玲:《论环境权入宪的法理基础》,载《科学发展观研究》2011年第1期。

〔4〕 董灵:《环境权与环境法制创新》,载《法学家》1997年第3期。

〔5〕 王世进、刘毖宏:《环境权理论的发展与环境权入宪的反思》,载《江西理工大学学报》2012年第4期。

〔6〕 张宝:《我国环境权入宪的进路研究》,载《环境资源法论丛》2009年第1期。

的全球化、严峻化甚至政治化，其逐步演变为一场对人类生存和发展构成严重威胁的生态危机，进而使作为宪法基本人权核心的人性尊严面临巨大挑战。良好的环境是享受人权的基本前提，也是人性尊严得以实现的必要条件之一。印度法院以宪法解释的方式对舒适宜人的环境之于人类尊严的价值进行了确认。判决通过对清洁的河流和湖泊、丰富的海岸资源、野生生物、森林、湿地、生态系统及其和宇宙的平衡等要素的列举，表明人性尊严的实现不仅需要无空气、水、噪声、辐射等污染的环境，没有生产事故、杂乱城市规划和污损城市景观的环境，还需要舒适、优美等具有一定品质的环境。[1] 然而，在当今生态危机肆虐的时代，大规模的环境污染和资源破坏使得良好的生态环境成了一种奢侈品，导致人性尊严失去了依凭。早在1989年《海牙环境宣言》中就提出："环境退化是一个人权议题，对环境退化寻求救济，不仅关系保护生态系统的基本责任，而且也关涉到在一个可行的环境中有尊严地生活的权利。"[2]

第二，环境权入宪是保障基本人权的需要。环境权作为第三代人权的基本内容，不仅在学界获得了广泛认同，而且在诸多国际法文件和多国宪法中也得到了充分体现。如《斯德哥尔摩宣言》《里约宣言》《东京决议》《比斯开环境权宣言》等都明确了环境权的人权属性，此外，包括韩国、法国、俄罗斯、土耳其在内的57个国家在宪法中确认了环境权（见表5.1[3]）。我国2016年6月14日发布的《国家人权行动计划（2012～2015年）实施评估报告》也正式将环境权纳入人权范围。这种基本人权属性恰是环境权入宪的正当性和必要性所在。

---

〔1〕 参见王曦：《国际环境法与比较环境法评论》（第1卷），法律出版社2002年版，第481～483页。

〔2〕 David Short, *Assessing the Utility of a Human Rights Approach to International Environmental Protection*, UMI Company, 2000, pp. 56 - 57.

〔3〕 参见吴卫星：《环境权入宪之实证研究》，载《法学评论》2008年第1期。

表 5.1 环境权入宪的国家和时间

亚洲	韩国(1987)、蒙古国(1992)、阿塞拜疆(1995)、格鲁吉亚(1995)、吉尔吉斯(1993)、土耳其(1982)、菲律宾(1986)
非洲	埃塞俄比亚(1995)、安哥拉(1992)、贝宁(1990)、布基纳法索(1991)、多哥(1992)、佛得角(1992)、刚果共和国(1992)、喀麦隆(1996)、马里(1992)、莫桑比克(1990)、南非(1993)、尼日尔(1999)、塞舌尔(1993)、圣多美和普林西比(1990)、乌干达(1995)、乍得(1996)
欧洲	俄罗斯(1993)、白俄罗斯(1996)、摩尔多瓦(1994)、乌克兰(1996)、保加利亚(1991)、比利时(1994)、法国(2005)、芬兰(1995)、捷克(1991)、克罗地亚(1990)、拉脱维亚(1998)、马其顿(1991)、挪威(1992)、葡萄牙(1976)、斯洛伐克(1992)、斯洛文尼亚(1991)、西班牙(1978)、匈牙利(1989)、黑山(1992)、塞尔维亚(2006)
拉丁美洲	阿根廷(1994)、巴西(1988)、厄瓜多尔(1983)、哥伦比亚(1991)、委内瑞拉(1999)、智利(1980)、尼加拉瓜(1986)、巴拉圭(1992)、哥斯达黎加(1994)、秘鲁(1993)

基本人权有应有权利、法定权利和实有权利之分,[1]三者属于层级关系:应有权利的范畴永远大于法定权利,法定权利的范畴永远大于实有权利。正缘于此,人权才得以不断推进和发展。环境权本原上是一种应有权利,将其纳入宪法实现向法定权利的转化具有以下功能:(1)加强对环境权本身的保障,有效应对生态危机。宪法是国家的根本大法,是部门法的根基,其确立的价值准则对其他法律规范的制定和实施具有重要指导意义。环境权入宪能够提升其权利位阶,使其处于相关权利的最高层,居于统率地位。加之宪法的修改程序复杂,耗时长,由它保障环境权的优先价值,有助于应对和缓解生态危机,维护人性尊严,为环境保护和生态福利的发展提供坚实的支撑,同时也为其他相关法律法规的制定和实施提供指导和依据。(2)为其他基本人权提供保障。在生态环境恶劣,生态危机日趋严重的背景下,环境污染和生态破坏已然成为阻碍其他人权得

〔1〕 参见李步云、邓成明:《论宪法的人权保障功能》,载《中国法学》2002 年第 3 期。

以顺利实现的“瓶颈”，环境权已经成为生存权等其他人权赖以存在的基础。倘若环境权不能进入宪法的保障范畴，其他人权也难以得到充分实现。

第三，我国现行宪法对环境权的保障不充分，使环境权入宪具有了现实紧迫性和必要性。前文已述，我国《宪法》第 9 条、第 10 条、第 26 条被视为对环境权的间接性保护。不仅如此，我国《民法通则》《环境保护法》《刑法》等相关法律法规、规章中也有对环境权的隐含性规定，形成了对宪法规范的补充。但这些内容都过于原则，不具有直接性、明确性和可操作性，进而使我国整个法律体系对环境权的保护呈现一种“萎靡不振”的状态，不利于环境问题的有效解决和环境质量的提升，更不利于对国民基本人权的保障，环境权利认知的培养以及环境法律文化的生成。

（二）环境权入宪的可行性

第一，环境权理论日臻成熟。环境权理论被引入我国后历经 40 年的发展，已经成为一种颇具特色的环境法学基本理论和学说。“环境权既是一种新的、正在发展中的重要法律权利，是环境法的一个核心问题，是环境立法和执法、环境管理和诉讼的基础；也是一种新的法学理论，用它可以解释许多环境法律问题。”[1]随着环境权理论研究的逐步深入，其主体范围不断扩大，内容日趋丰富。继蔡守秋教授在《环境权初探》一文中最早提出环境权，并将其划分为国家环境权、法人环境权和公民环境权[2]之后，人类环境权、自然体环境权[3]等学说相继产生，环境权的主体范围

---

〔1〕 王世进、刘崧宏：《环境权理论的发展与环境权入宪的反思》，载《江西理工大学学报》2012 年第 4 期。

〔2〕 参见蔡守秋：《环境权初探》，载《中国社会科学》1982 年第 3 期。

〔3〕 所谓人类环境权，指环境权是“整体的人类对人类生存繁衍所依的整体环境的权利，我们既不需要把它解释为从前代人那里继承来的，也没有理由拒绝承认后代人也享有这种权利”。参见王世进、刘崧宏：《环境权理论的发展与环境权入宪的反思》，载《江西理工大学学报》2012 年第 4 期。自然体环境权一般指法律设定的“人有保护环境的义务，大自然或非人物种有受到人尊重、热爱、保护、合理利用的权利，在法律没有设定的情况下，也指环境法学理论或环境伦理学上所承认的自然权利”。参见蔡守秋：《论环境权》，载《金陵法律评论》2002 年（春季卷）。

逐步扩大。与此同时,环境权的内容也不断被拓展和完善。例如,陈泉生教授认为:"环境权包括生态性权利和经济性权利。前者体现为环境法律关系的主体对一定质量水平环境的享有并于其中生活、生存繁衍,可具体化为生命权、健康权、日照权、通风权、观赏权等;后者表现为环境法律关系的主体对环境资源的开发和利用,可具体化为环境资源权、环境使用权、环境处理权等。"[1]吕忠梅教授认为:"环境权包括环境使用权、知情权、参与权和请求权。"[2]高家伟博士认为:"环境权包括实体性环境权和程序性环境权。"[3]本书认为,环境权是社会成员享受健康、安全及优美、舒适环境的权利。其本质是一种生态性实体权利,可以具体化为生态福利权、日照权、通风权等。环境权内涵的丰富性决定了对它的研究必定是一个长期而艰难的过程,其间势必伴随着论争和争议。尽管目前在一些问题上学者们尚未达成共识,但伴随环境权理论的发展和完善,其内涵和外延逐步清晰,权利边界更加明确,从而为环境权入宪提供了不可或缺的理论支撑。

第二,国际人权公约、国外宪法及有关国际法文件的推力。国际人权公约是各国普遍采取的人权保护方式,其实施通常需要借助国内法的转化。截至目前,我国政府已签署23项国际人权公约。其中较为重要的当属1997年的《公民权利和政治权利国际公约》和1998年的《经济、社会及文化权利国际公约》,后者于2001年被全国人大常委会批准。这些公约虽然没有明确规定环境权,但其内容已经反映和体现了环境权的实质。

---

〔1〕 陈泉生、张梓太:《宪法与行政法的生态化》,法律出版社2001年版,第117页。

〔2〕 吕忠梅教授认为:"环境使用权包括日照权、清洁空气权、清洁水权等,参与权包括参与国家环境管理的预测和决策过程、参与开发利用的环境管理过程以及环境保护制度实施过程、参与环境纠纷的调解等,请求权包括对行政行为的司法审查、行政复议和国家赔偿的请求权,对他人侵犯公民环境权的损害赔偿请求权等。"参见吕忠梅:《再论公民环境权》,载《法学研究》2000年第6期。

〔3〕 高家伟博士认为:"程序环境权是指公民、法人或其他组织依法享有的参与环境决策过程、诉诸司法救济的权利,如环境信息权;实体环境权是指公民享有的与环境质量有关的权利,如防止环境危害发生的请求权、环境赔偿请求权等。"参见高家伟:《欧洲环境法》,中国工商出版社2000年版,第115~116页。

如《经济、社会及文化权利国际公约》第12条规定,“本公约缔约各国承认人人有权享有能达到的最高的体质和心理健康的标准”,为实现这一目标,各国应“改善环境卫生和工业卫生的各个方面”。作为公约的缔约国,我国有义务采取措施对环境权给予保障。宪法历来被视为人权保障书,人权保障是宪法的核心。将环境权提至最高位阶予以保护,能够充分显示我国对人权的高度重视及践行国际公约的积极态度。此外,自20世纪70年代伊始,环境权即被一些国家载入宪法。据不完全统计,目前已有“41个国家或地区的宪法规定了个人所享有的清洁、健康的环境的一般性权利,62个国家或地区在宪法中规定‘保护和改善环境’为国家的目标或义务,57个国家的宪法确认了环境权或将环境保护作为国家的责任”。[1] 还有前文提及的对环境权予以确认的诸多国际法文件都构成了环境权入宪的国际实践依据。

第三,我国部分地方环境立法先行。相较《环境保护法》、污染防治单行法等对环境权确认的间接性,我国部分地方环境立法对环境权进行了直接明确规定,走在了环境权立法发展的前列。如《宁夏回族自治区环境保护条例》第7条规定,“任何组织和个人有享受良好环境的权利和履行保护环境的义务”;《深圳经济特区环境保护条例》第60条规定,“单位和个人享有在良好环境中生活、获取环境信息、参与环境监督管理以及得到环境损害赔偿的权利”等。这些地方立法虽然效力层级不高,但已使环境权进入了立法和实施层面,同时也表明环境权法律化并非是遥不可及的理想,为环境权入宪提供了宝贵的实践经验。

(三)我国环境权入宪的基本架构

明确环境权入宪的必要性和可行性只是解决了一个基础性或前提性问题,如何对环境权入宪的基本框架进行科学架构才是问题的关键。综观将环境权纳入宪法的50余个国家的规定,大致分为以下几种类型。

---

〔1〕 吴卫星:《环境权入宪之实证研究》,载《法学评论》2008年第1期。

一是以宪法规范要素为标准,将环境权在宪法中的规范方式分为“以基本原则或基本国策确认”和“以公民基本权利确认”两种。前者如《菲律宾宪法》第2条第16款将国民享有的“平衡和健康的生态”的权利作为一项基本原则或国家政策宣言予以规定;后者如《韩国宪法》在其公民“基本权利”章节第35条规定,“任何公民均享有健康、舒适的环境之权利,国家和国民应努力保护环境。环境权的内容和行使由法律规定。国家应促进居民生活质量,努力使国民享有舒适的居住条件”。

二是以规范类型为标准,将环境权的宪法规范模式分为“以确定性规范直接规定”和“以非确定性规范间接规定”两种。前者如《芬兰宪法》第14条规定:“人人都负有对大自然及其生态多样性、环境和我们的文化遗产的责任。公共当局应当努力保障每个人的良好环境权,以及每个人影响与生活环境有关的决策的机会。”该模式为大多数国家所采纳和认可。后者如《非洲人权和民族权宪章》第24条规定:“所有人都有权享有有利于其发展的普遍良好的环境。”由于该模式是以准用性规范的方式对环境权予以确认。换句话说,适用这一规范时还需要援引其他人权规范,因而适用国家较少。

三是以权利义务关系模式为标准,将环境权的宪法规范形式划分为公民权利、义务对应型,公民权利与国家义务对应型,公民权利和国家、公民义务结合型三种。公民权利、义务对应型,如《法国环境宪章》第1条规定“人人都有在平衡和健康的环境中生活的权利”,其第2条则规定“人人都有义务保护和促进自然环境”;公民权利与国家义务对应型,如《挪威宪法》第110b条规定,“每个人有权获得一种有益于健康的和有益于自然条件的、生产力和多样性得到保护的环境……国家应制定具体规定实现之”;公民权利和国家、公民义务结合型,如《土耳其宪法》第56条规定,“每个人都有权生活在健康和谐的环境中。改善环境、防止环境污染是国家的责任和公民的义务”。该模式既规定了公民享有的环境权,又规定了国家承担的第一位环境责任及公民承担的第二位环境义务,可以说是前两种形式的结合,因而为多数国家选择适用。

上述各种模式并无优劣对错之分,作何选择主要取决于各国的立法传统、法治文化及对环境权的认识。由于环境权入宪并不存在一个统一的标准化模式,因而在我国宪法中纳入环境权不能直接照搬照抄某个国家的环境权宪法规制模式,应结合我国的国情和宪法特点,做出理性选择。

本书认为,在宪法规范要素上,我国宜采用"公民基本权利"模式确认环境权。倘若将属于基本权利范畴的环境权以基本原则或基本国策的形式规定于总纲中,其地位与"基本权利"的宪法地位大相径庭。"如果一项权利被视为纲领性目标而不是公民对政府享有的直接权利主张来对待,政府就有可能借助立法行为来限制权利。"[1] 因此,纲领性规定与公民的基本权利有本质不同,基本权利可直接约束国家权力,而纲领性规定则不具备这一效力。此外,两者在法律地位、法律后果、对国家权力的要求及国家采取的保障措施和手段方面均存在差异。

在宪法规范类型上,我国宜采取"确定性规范直接规定"模式。本质上说,非确定性规范并未对环境权进行明确规定,难以体现环境权的基本人权属性,在环境法制宣传和教育方面也不易发挥应有作用。

在权利义务关系模式上,我国宜采纳"公民权利和国家、公民义务结合"模式。宪法的基本功能在于控制权力,保障人权。在宪法中将环境权规定为公民的基本权利,则意味着国家负有相应的保障义务,同时其他人负有不得侵犯他人权利的义务。国家义务及他人义务的履行在于保障环境权的实现。

具体而言,环境权入宪需要对我国现行《宪法》的相关条款进行整合,在《宪法》第 2 章"公民基本权利与义务"第 41 条后增加第 42 条,同时删除第 26 条第 1 款。新增第 42 条的内容为:

---

〔1〕 夏勇:《公法》,法律出版社 1999 年版,第 56 页。

人人都享有在安全、健康的环境中生活及享受舒适、优美环境的权利。

国家保护和改善生活环境和生态环境，防治污染和其他公害。任何组织和个人不得以任何方式破坏他人享受安全、健康、舒适、优美环境的权利。

二、在环境保护基本法中明确规定生态福利权

生态福利权是环境权的具体化。在环境权入宪的基础上，建议进一步对我国《环境保护法》进行修订，在总则部分明确规定生态福利权，这既具有权利宣示的作用，又增强了权利保障的可操作性，还为实践中居民享受高品质生态环境提供了明确的立法依据。在规范类型上，建议同样采取“确定性规范直接规定”模式；在权利义务关系模式上，采纳“公民权利和国家、公民义务结合”模式。具体构想如下：

在现行《环境保护法》第5条后增加第6条，内容为：

人人都享有健康和生态福利之充分保障的环境的权利。

将现行《环境保护法》第6条修改为第7条，内容为：

一切单位和个人都有保护环境的义务。

各级人民政府负有防治污染和生态破坏、保护和改善环境、供给和分配生态福利的义务，并对本行政区域的环境质量负责。

企业事业单位和其他生产经营者应当防止、减少环境污染和生态破坏，对所造成的损害依法承担责任。

公民应当增强环境保护意识，采取低碳、节俭的生活方式，自觉履行环境保护义务。

三、确立生态福利法律制度总体框架

在环境权入宪的基础上，以生态福利权为核心确立生态福利法律制度的总体框架，有助于厘清该制度各部分内容之间的相互关系，促进彼此

间的协调与衔接,使之形成一个有机和谐的整体,避免内容的散乱无章。应当说,我国完善生态福利法律制度既涉及国外相关法律制度的"移植",也涉及我国旧有法律制度的改革。因此,国家必须首先搭建生态福利法律制度的总体框架,明确何为生态福利法律制度?其具体内容包括哪些?

本书认为,我国的生态福利法律制度也应指国家为保障社会成员的生态福利权,制定或认可的用以调整生态福利供给、分配、救济等相关社会关系的一系列法律规范的总称,其功能在于保障社会成员的生态福利权,实现生态福利供给、分配、救济活动的规范化和法制化。因此,将环境权在宪法中加以明确规定,在环境保护基本法中明确规定生态福利权,对指导生态福利法律制度的建构具有至关重要的作用。生态福利法律制度的内容具体包括生态福利供给制度、生态福利分配制度和生态福利救济制度。其中生态福利供给制度又包括生态福利的供给模式和生态福利的供给内容;生态福利分配制度主要包括生态福利分配的原则和生态福利分配的方式;生态福利救济制度重点包括生态福利权的行政救济和生态福利权的司法救济等。当然,这些内容绝非处于僵化固定的状态,随着社会的发展和人民生活水平的提升,其广度和深度还将不断延展。

为此,国家可以在相应法律(如《环境保护法》)中架构我国生态福利法律制度的总体框架,从整体和宏观层面规定我国生态福利法律制度的内容。以便各法律法规或规章以之为依据设定更为具体的实施细则,用以进一步规范生态福利法律制度体系,更好地保障社会成员的生态福利权。

第二节　改进生态福利供给制度

生态福利供给制度是生态福利法律制度的基础。唯有生态福利供给充分,才可能继续进行合理化分配。因此,改进生态福利供给制度是完善我国生态福利法律制度体系的必要环节,具体而言,可从以下几个方面着手。

一、确立符合可持续发展理念的立法目标

立法目标的明确可以为生态福利供给制度建设提供清晰的方向指引。作为保护全民自然遗产资源和实现生态福利同享的重要手段,我国生态福利供给立法不仅需要目标明确,而且其内容还应当体现可持续发展原则的精神内涵,既要以保护高品质生态环境为宗旨,又要以保证现代人及子孙后代享受生态福利的权利为旨归。详言之,生态福利供给立法的目标应包括:第一,总体目标。总体目标是确定生态福利供给总体发展方向的目标,应体现出目标的永续性、代表性、完整性和服务性。建议设定为:保护生物多样性及生态环境质量,促进教育、娱乐和游憩,增进人类的生态福利与享受。第二,次级目标。次级目标是总体目标的具体化,应体现出细致性、全面性的特点。建议设定为:(1)尽量保持自然状态的永续性、地理区域、生物群落、基因资源和未受破坏的自然过程的代表性;(2)自然资源和自然过程的代表性;(3)维护良好生态区域种群与生态功能群体在足以长期维持生态系统完整性和弹性的密度状态下的生存能力;(4)保护广域种、区域生态过程和迁移路线;(5)能够对濒危物种进行科学考察和自然保护;(6)在不引起自然资源、重要的生物或生态恶化的情况下,以激励、教育等目标管理旅游者,考虑原住民的需求,避免违背最初的管理目标。[1]

二、提升立法位阶,加强法律的整体性和实效性

纵观发达国家生态福利供给制度的发展,不难看出,无论采取何种立法模式,大部分国家都选择在国家层面制定生态福利供给基础法律。首先,立足中央与地方关系的角度,国家层面的立法有助于统一全国的生态

〔1〕 参见张海霞、汪宇明:《可持续自然旅游发展的国家公园模式及其启示——以优胜美地国家公园和科里国家公园为例》,载《经济地理》2010 年第 1 期;陈耀华、黄丹、颜思琦:《论国家公园的公益性、国家主导性和科学性》,载《地理科学》2014 年第 3 期。

福利供给理念和政策,为地方特色的发展提供宏观性、整体性、基础性指导,并督促地方切实完善生态福利供给机制。其次,从部门间关系的角度出发,国家层面的立法有助于摆脱部门利益的纠葛和分散立法的局限,高屋建瓴,对生态福利供给制度进行整体架构。最后,从法律位阶本身的意义考量,国家层面的立法规范性、指导性、协调性和自由度更高,无论是在处罚措施的设定方面,还是在与其他法律规范的协调方面,都有下位法律规范无可比拟的优越性,有助于进一步增强法律的实效性。

三、完善国家公园体制

人类可以从自然环境中获取精神利益,享受高品质生态福利。国家公园正是通过提供这样的精神服务,在园内开展与以上精神体验相关的人类主要活动,创造着巨大的生态效益,为民众提供着享受生态福利的绝佳环境。建立以国家公园为代表的良好生态区域是生态福利供给的主要内容。因而,完善国家公园体制是改进我国生态福利供给制度的基本方面。

历经70年的发展,我国的国家公园体制已初具规模,形成了自然保护区、风景名胜区、国家地质公园、国家森林公园、国家湿地公园、国家矿山公园、国家水利风景区、国家重点文物保护单位、国家森林城市等诸多类型,为其进一步完善奠定了良好的基础。尽管如此,我们也应当清醒地认识到,完善我国国家公园体制还面临着利益相关方的博弈,如"政出多门、多头管理",自然保护地分区不明等诸多现实问题。对此,本书认为,应从以下两个方面努力。

(一)发挥政府主导作用,理顺国家公园管理体制

所谓政府主导性并非指所有国家公园一定由中央政府直接管理,而是指国家通过统一的管理机构和专项政策对国家公园进行充分管理。再次回顾发达国家国家公园的发展历程可以看出,不同国家的国家公园都

根据本国国情和自身特点采取了不同的管理模式(见表5.2[1])。但无论哪种管理模式,其管理机构的设置都条块清晰,从中央到地方分层而设,各司其职。尤其是国家层面的管理机构非常明确。此外,特别值得一提的是,国家公园的管理者将自己定位于服务者的角色,而不是领导者的角色。在他们看来,"国家遗产的继承人是当代和子孙后代的全体国民,管理者对遗产只有照看和维护的义务,而没有随意支配和开发的权利"。[2]

表5.2　国家公园管理模式

管理模式	代表国家	主管机构设置		
		一级机构	二级机构	三级机构
中央集中型	美国	内政部	国家公园管理局	地区国家公园管理局
中央—地方结合型	英国	自然保护委员会	英格兰乡村委员会、威尔士乡村委员会	地区国家公园管理局
	日本	环境部	自然环境局	地区国家公园管理局

2015年9月中共中央、国务院印发的《生态文明体制改革总体方案》明确提出:建立国家公园体制,要加强对重要生态系统的保护和永续利用,改革各部门分头设置自然保护区、风景名胜区、文化自然遗产、地质公园、森林公园等的体制,对上述保护地进行功能重组,合理界定国家公园范围。2017年9月中共中央办公厅、国务院办公厅联合印发的《建立国家公园体制总体方案》进一步要求:"改革分头设置自然保护区、风景名胜区、文化自然遗产、地质公园、森林公园等的体制,对我国现行自然保护地

〔1〕 参见陈耀华、黄丹、颜思琦:《论国家公园的公益性、国家主导性和科学性》,载《地理科学》2014年第3期。

〔2〕 Gray Kenneth Lynn, *The Public Policy Process and the National Park Service*, Ann Arbor. Mich UMI, 1976, p. 33.

保护管理效能进行评估，逐步改革按照资源类型分类设置自然保护地体系，研究科学的分类标准，厘清各类自然保护地关系，构建以国家公园为代表的自然保护地体系。”参照发达国家的经验，依据两个方案的要求，完善我国国家公园体制应当：

首先，在国家层面设置统一的管理机构，明确管理机构在国家公园管理中的职责。长期以来，我国“各类国家公园分别由水利部、环境保护部、国土资源部、住房和城乡建设部、文化部等国务院 5 个部门和旅游局、林业局两大国务院直属机构分割管理，当地人民政府亦有权干涉、保护与管理”。[1]这种同一国家公园由多层次、多部门管理的状况必然导致管理机构不明、权责不清、互相推诿现象的发生，进而引发中央政府与地方政府、地方政府之间，甚至地方政府与地方企业间的重重矛盾。因此，我们应当吸收发达国家的经验，在中央层面设置统一的管理机构，如设置生态环境部为一级管理机构，统一管理国家公园建设与发展事务，地方环境保护部门为二级、三级管理机构。在此前提下，合理划分事权关系，厘清各级管理机构的职责、权限，同时协调好各管理部门之间的关系，避免政出多门现象的发生。

其次，建立跨区域联动合作协调机制。对于跨区域交叉或重叠的国家公园，应在共同上级主管部门的统一协调下，由各区域展开广泛的交流与合作。通过统一规划、信息资源交流共享、纠纷协作处理等机制，妥善处理和解决国家公园跨区域交叉、重叠的管理问题。

最后，完善社区参与和发展机制。由于人口众多，加之城市化水平参差不齐，我国大部分遗产地、保护地都有人口分布，在此基础上建立的国家公园必然面临解决原住民的生存与发展问题。“虽然我国也选择了在保护区内发展旅游业带动原住民就业、传播当地文化的发展模式，但由于我国的社区参与和社区保障能力有限，旅游发展对带动原住民就业、保障

---

〔1〕 陈耀华等：《论国家公园的公益性、国家主导性和科学性》，载《地理科学》2014 年第 3 期。

原住民权益的功能非常有限,甚至引起了文化侵犯、伪文化等现象”。[1]因此,我国国家公园建设应注重加大社区参与力度,提升社区保障能力,通过限制其他利益相关者进驻公园,对经济、生态权益遭受侵害的原住民进行合理补偿等方式,有效保护原住民的生存权利及传统文化,使原住民能够共同参与公园管理,共享利益。

(二)建立国家公园功能分区制度

对园内场域进行功能分区是国家公园重要而独特的管理方式和手段,也是体现严格保护和适度利用环境资源和公共空间的关键内容。“目前有3种代表性的分区模式:基于内陆地和水域按照生态系统、文化资源保护要求以及提供旅游机会的能力和适宜性为标准的加拿大国家公园分区;基于使用功能为标准的美国国家公园分区;基于资源保护程度和可开发利用强度为标准的日本国家公园分区”。[2]我国的国家公园也应当结合自身特点考虑设置不同的功能分区,如依使用功能的不同设置特别保护区、荒野区、自然环境区、户外游憩区和公园服务区等,不同的区域承载不同的价值。比如保护区应以保护为首要目标,禁止游人进入,但可通过讲解、展览、表演等方式使公众了解该功能区的特性。

四、建立非环境污染生态修复机制

非环境污染生态修复机制是指对因生态退化(如“四荒”土地)、生态破坏(如突发环境事件造成的生态平衡的破坏)等原因遭受损害的生态系统,通过恢复其结构、功能及内部秩序,使其由失衡的不和谐状态复原至生态结构合理,功能高效的相对平衡状态的法律机制。该机制独具中国特色,国外鲜有相关制度的发展,没有现成经验可资借鉴。对非环境污染

---

〔1〕 张海霞、汪宇明:《基于旅游发展价值取向转移的理由规制创新刍议》,载《旅游学刊》2009年第4期。

〔2〕 Nigel Dudley, Guideline for Applying Protected Area Management Categories, data. iucn. org/dbtw-wpd/edocs/PAPS – 016. pdf. 262.

区域进行生态修复有助于使环境恶劣、荒蛮之地变身绿洲,有效发挥其生态功能,增加和扩大居民享受生态福利的场域。因而非环境污染生态修复机制是我国生态福利供给制度不可或缺的组成部分。

非环境污染生态修复不同于民法上的"恢复原状"。传统民法意义上的恢复原状,[1]是指将受损的双方当事人之间的利益关系恢复至侵权行为发生之前的状态。此类恢复原状对于受到损害或破坏的生态系统而言,恐怕过于理想化,在科学技术上很难实现。原因在于:第一,生态系统的综合性、复杂性决定了生态系统的原始状态很难确定,将受损的生态环境恢复至何种程度和层次才算复原至初始状态难以把握。第二,"人类赖以生存和发展的环境一旦遭到破坏,要恢复原状,几乎是不可能的"。[2]生态系统周而复始地进行物质循环和能量流动,时时处于动态更新、调整和变化之中,如"气候变化、物种缺乏或新物种入侵",[3]使恢复原状很难在技术上实际操作。第三,绝大部分情况下,将非环境污染生态损害恢复原状在经济上也是不合理、不可行的。我国民法上适用恢复原状责任以恢复原状有可能和必要为前提。"如果恢复原状花费过巨,远远超过了被损坏的物的价值,一般不适用恢复原状责任"。[4]非环境污染生态修复是一个"天价"工程,非一般的个人或企业所能承受(随后详细阐释),从成本角度来说,也不适用恢复原状责任。此外,恢复原状以民事救济"人身或财产权利"为边界,生态修复则修复的不仅是有形生态环境本身,还包括对生态系统功能的修复以及因生态损害而缺失的环境权。[5]综上所

---

[1] 我国民法采用的恢复原状有狭义、广义、最广义之分。文中提及的恢复原状概念是最广义的恢复原状概念;狭义的恢复原状是指将受到损坏的物恢复到侵权行为发生之前的状态,包括动产修理、不动产修缮、填平被挖掘的土地、恢复被填平的湖泊、修复被阻塞的航道等;广义的恢复原状是指将受到侵害的民事权益恢复到受侵害之前的状态,但金钱赔偿除外。参见魏振瀛主编:《民法》(第4版),北京大学出版社、高等教育出版社2010年版,第677页。

[2] 王利明:《侵权责任法新制度理解与适用》,人民法院出版社2010年版,第346页。

[3] 李永峰、唐利、刘鸣达:《环境生态学》,中国林业出版社2012年版,第231页。

[4] 魏振瀛:《民法》(第5版),北京大学出版社、高等教育出版社2013年版,第683页。

[5] 参见魏旭:《生态修复制度基本范畴初探》,载《甘肃政法学院学报》2016年第1期。

述，非环境污染生态修复在本质属性上截然不同于恢复原状。

非环境污染生态修复仅针对因生态退化、生态破坏等非环境污染行为造成的生态失衡进行修复，不包括环境污染生态修复。所谓环境污染生态修复，指人类通过生态恢复和重建手段对污染行为人因环境污染行为造成的生态损害进行修复。环境污染生态修复的义务和责任主体清晰明确。依照2014年修订的《环境保护法》第5条[1]关于"损害担责"原则的规定，污染者必须对污染行为造成的损害后果承担治理、修复责任。也就是说，环境污染生态修复以污染者作为义务和责任主体，而生态福利法律制度则以政府为生态福利供给和分配的义务和责任主体。两者的主体要素不相吻合，因此，环境污染生态修复不能作为生态福利法律制度的组成部分，不属于本书的探讨和研究范围。

目前，调整我国非环境污染生态修复的法律法规主要包括《环境保护法》《土地管理法》《森林法》《草原法》《水土保持法》等。但这些法律法规中的相关规范大多具有宏观性、原则性和间接性，对非环境污染生态修复主体、规划及验收评价等事项均未做出细致明确的规定。基于此，本书认为，建构我国非环境污染生态修复机制，应从以下方面着手。

（一）法律上明确非环境污染生态修复的义务和责任主体

我国现行《土地管理法》等规范中均未明确非环境污染生态修复的义务和责任主体，不利于修复工作的实际开展。与环境污染生态修复不同，非环境污染生态修复必须以政府为主要的义务和责任主体。因为：(1)非环境污染生态修复成本高昂。非环境污染生态损害是因生态退化或生态破坏等非环境污染行为造成的，具有累积性、长期性、复杂性的特点，对其进行修复、整治往往需要支付天价成本。以亿利资源集团库布其沙漠生态修复项目为例。"该项目是2014年哈佛商学院案例库和清华经管学院中国工商管理案例库选取的我国唯一一个生态修复案例，说明该项目具

---

[1] 2014年《环境保护法》第5条规定：环境保护坚持保护优先、预防为主、综合治理、公众参与、损害担责的原则。

有国际公认的典型性。该项目实施时间长达1/4个世纪,先后投入治沙资金高达30多亿元”。[1]这仅是自然修复的部分,由于非环境污染生态修复同时还包含“社会复活”,即社会修复过程,因此,如果再加上调和人与自然、人与人之间关系的社会修复部分,成本更加高昂。(2)非环境污染生态修复不仅是一项重大的自然修复工程,更是一项复杂的社会修复工程。就本质而言,其制度化建设是一个致力于保障生态修复政策更为科学民主以及运行更为顺畅的法制完善过程,旨在最大限度地消灭不平衡特权,尽可能做到基本的生态福利平等享用,维护不同地域或群体之间的环境正义。正是基于非环境污染生态修复的高成本性和社会性,政府才需要担负起相应的治理和修复责任。由于非环境污染生态修复与土地管理密切相关,因此,本书建议在《土地管理法》中规定,非环境污染生态区域所在地的市、县环境保护主管部门专门负责非环境污染生态修复工作,依据非环境污染生态修复规划,使用经市、县人民政府批准设立的政府专项资金进行治理恢复。

(二)建立非环境污染生态修复规划机制

非环境污染生态修复规划是以生态退化、生态破坏区域为对象,以协调人与环境的关系,实现可持续发展为宗旨,对上述区域修复和治理的方向、目标、重点和步骤进行预先安排与设计的一种科学的宏观统筹活动,具有综合性、整体性、复杂性和动态性的特点。它有助于我们克服实际修复过程中可能出现的盲目性和主观随意性。建立我国非环境污染生态修复规划机制,需要做到以下几点。

第一,明确非环境污染生态修复规划的内容。作为生态修复工作的总体部署,非环境污染生态修复规划应当:(1)对非环境污染生态区域的种类、数量、质量、地域分布状况进行综合评价;(2)明确地区发展优势和劣势,确定地区非环境污染生态区域的修复方案以及重点治理方向;

---

〔1〕《中国生态修复案例首次入选全球顶级商学院案例库》,载新浪网:http://news.sina.com.cn/green/news/roll/2014-03-03/162029610883.shtml,最后访问日期:2014年3月3日。

(3)统一安排能源、水源和交通等重大基础设施;(4)制定非环境污染生态修复区域整体保护规划、方案。

第二,细化非环境污染生态修复规划的类别。依据不同标准,可对非环境污染生态修复规划进行不同的类别划分:以空间范围的不同为依据,可将其划分为全国非环境污染生态修复规划、区域非环境污染生态修复规划、城市非环境污染生态修复规划、乡村非环境污染生态修复规划等;以制定主体的不同为依据,可将其划分为国家非环境污染生态修复规划、省(自治区、直辖市)非环境污染生态修复规划、市非环境污染生态修复规划、县非环境污染生态修复规划四级;以规划期限长短的不同为标准,可将其划分为长期非环境污染生态修复规划、中期非环境污染生态修复规划和短期非环境污染生态修复规划。其中,"长期规划是一种战略规划,期限一般在10年及以上;中期规划主要指5年计划;短期规划主要指年度计划,是具体落实长期规划、中期规划的行动计划"。[1]

第三,确立非环境污染生态修复规划的基本原则。相较一般规划,非环境污染生态修复规划更具复杂性和多维性,因此,本书认为在进行规划时,应遵循以下基本原则。

首先,遵循经济规律,坚持非环境污染生态修复与生态资源开发相结合原则。经济与环境可以而且必须协同发展,两者互相依赖,密不可分。一方面环境保护的重要意义不言而喻;另一方面经济发展的作用也不可小觑。经济发展能够为人类世代永续提供丰富的物质基础,离开了经济支撑,人类延续就会变得举步维艰。更为关键的是,非环境污染生态修复需要庞大的资金支持。因此,其规划必须遵循经济规律,在以生态利益保护为先导的前提下,坚持经济可持续发展战略,保证生态资源开发利用与非环境污染生态修复同步进行。

---

〔1〕 孟庆瑜、刘茜:《环境资源法概论》(修订版),中国民主法制出版社2006年版,第94页。

其次，遵循生态规律，坚持合理修复环境资源原则。生态规律是进行非环境污染生态修复的基本指针。生态系统有其自身运转的规则体系，如果背离行事，不仅不会获取人类社会的发展；相反，还会为此付出惨痛代价。遵循生态规律进行规划，有利于环境资源的整体、合理修复，实现生态福利绵延永续。

最后，系统性原则。非环境污染生态修复规划是在自然生态系统和社会系统这两个宏大范围内进行环境资源修复的整体部署。这就意味着，规划必须建立在系统化思维的基础上，在更高层次即自然与社会两大系统内设立广泛联系和协调关系，最终实现生态福利公平分享的目标。

非环境污染生态修复规划是环境保护规划的重要组成部分。因此，前者的编制和审批应参照新《环境保护法》对环境保护规划的规定，[1]即国务院环境保护主管部门会同有关部门，根据国民经济和社会发展规划编制国家非环境污染生态修复规划，报国务院批准并公布实施。县级以上地方人民政府环境保护主管部门会同有关部门，根据国家非环境污染生态修复规划的要求，编制本行政区域的非环境污染生态修复规划，报同级人民政府批准并公布实施。

（三）建立非环境污染生态修复验收评价机制

无论是我国《环境保护法》《水土保持法》还是《土地管理法》，都未建立非环境污染生态修复验收评价机制，这显然不利于政府对非环境污染生态修复义务的履行。为保障政府严格履行对非环境污染生态区域的修复义务，确保修复治理效果，应设立严格的非环境污染生态修复验收评价机制，明确修复治理的具体验收评价标准，以确保其具有可操作性。本书

---

〔1〕 2014年《环境保护法》第13条规定：县级以上人民政府应当将环境保护工作纳入国民经济和社会发展规划。国务院环境保护主管部门会同有关部门，根据国民经济和社会发展规划编制国家环境保护规划，报国务院批准并公布实施。县级以上地方人民政府环境保护主管部门会同有关部门，根据国家环境保护规划的要求，编制本行政区域的环境保护规划，报同级人民政府批准并公布实施。环境保护规划的内容应当包括生态保护和污染防治的目标、任务、保障措施等，并与主体功能区规划、土地利用总体规划和城乡规划等相衔接。

认为,可将验收评价标准设置为:(1)修复治理后的土地状态较修复之前有明显好转;(2)在规定的地区植树种草,植被符合多样化、有效性和永久性要求,植被覆盖率不低于该地区平均植被覆盖率;(3)修复过程中尽量减少对当地环境的人为损害和不良影响。同时,建议将非环境污染生态修复验收工作分为三个阶段:(1)当土地经回填、平整、表土复原等工序,达到基本可利用状态,即可进行第一阶段的验收;(2)当植被依规划被种植,且符合恢复标准,修复地无泥沙进入周边河流,即可进行第二阶段的验收;(3)当修复治理工作全部完成,植被按约定期限达到标准,即可进行第三阶段验收。值得一提的是,非环境污染生态修复验收评价既包括生态修复质量评价,又包括生态修复数量评价。前者指采用定性和定量的方法对修复对象的功能恢复情况进行评价;后者主要指对修复对象的数目和种类进行评价。其中,生态修复质量评价是生态修复验收评价的重心,其主要目的是:(1)全面揭示修复后生态环境的质量状况及其变化趋势;(2)找出生态修复重点对象;(3)为制定非环境污染生态修复规划、总体方案提供依据;(4)研究生态环境质量与人类社会的关系;(5)预测和评价拟进行的生态修复项目对周围环境可能产生的影响。

第三节　健全生态福利分配制度

生态福利分配制度是生态福利法律制度的关键,生态福利是否得到平等、公平分配直接影响甚至决定着社会成员的生态福利权能否切实得以实现。前文已述,环境税收和良好生态区域免费或低费开放是生态福利分配两个不可或缺的步骤。因此,健全生态福利分配制度首先需要对环境税收法律体系进行完善。

一、完善环境税收法律体系

针对我国目前的生态环境状况及环境税制中存在的诸多问题,在借鉴发达国家经验的基础上,本书建议,将完善我国环境税收法律体系的基本思路定位为:拓展征收范围,改革传统税种,修订税收优惠政策。

(一)拓展征收范围

《环境保护税法》根据此前的排污费项目设置税目,将大气污染物、水污染物、固体废物和噪声作为征税对象,具体税目、税额依照所附《环境保护税税目税额表》《应税污染物和当量值表》执行,但未对争议较大的二氧化碳征收环保税。笔者认为,虽然这是对当今国情和今后国际贸易及经济发展影响进行综合考虑的结果,但立足可持续发展的角度,二氧化碳税(以下简称碳税)的征收实有必要。首先,有助于带动企业生产方式的转变,提升其竞争力。征收碳税直接导致企业生产成本增加,这样可倒逼其不断提高资源利用率,增加产品附加值和技术含量,向着节能环保的方向发展,从而大大提升在国内和国际市场上的竞争力。其次,有助于提升环境品质。碳税可发挥经济杠杆的作用,对排放二氧化碳的行为课以缴税义务,通过"增加成本—追逐利润—转变方式"的运作模式,引导企业或个人的生产或消费行为,形成促进全社会节能减排的激励机制,有效提升生态环境质量。最后,有助于破解环保资金不足的困境。我国的环保资金长期处于供给不足的状态。税收是国家获得财政收入的重要来源。通过税收的二次分配效应,可以提升其对环保领域的投资比重。碳税的征收无疑为增加财政收入开辟了一条新途径,进而为环境保护和生态福利的分配增加资金支持。综合上述,应将碳税列归为环境税税目。依照国际惯例,碳税主要根据不同燃料的含碳量和发热量实行差别税率。

垃圾税也是发达国家普遍征收的环境税税目之一,其课税对象主要是各级各类单位和家庭排放的固体垃圾。我国是世界上垃圾包袱最沉重的国家。据不完全统计,"目前全世界每年产生的 4.9 亿吨垃圾中,我国就占到 1.5 亿吨"。[1]垃圾存量高不仅污染环境、降低环境品质,而且严重影响社会公众的健康和生活质量。征收垃圾税有助于增强社会公众的

[1] 田路、朱忠萍:《浅谈我国开征垃圾税的必要性与可行性——以解决城市生活垃圾为例》,载《法制与社会》2008 年第 22 期。

节俭、环保和参与意识，实现垃圾减量化，保障国民的安全和健康，拓展环境保护资金来源。本书认为，征收垃圾税应对不同类别、不同处理方式的垃圾做分类化处理，实行差别税率。如对工业企业排放的垃圾进行有毒废渣、无毒废渣和一般垃圾的分类，据此分别设置税目和税率，以垃圾排放量为依据，实施从量计征。

总之，本书建议将二氧化碳税和垃圾税纳入环境税范围。

环境税开征后，可参照《税收征收管理法》的相关规定进一步完善强制措施，加大对违法行为人的处罚力度。建议从两个方面进行：(1)扩大强制措施的范围。在现有征收滞纳金、罚款等强制措施的基础上，税务机关还可以通过责令纳税人提供担保，查封、扣押纳税人的商品、货物等税收保全措施以及通知银行强制扣款、扣押、查封相当于应纳税款价值的商品、货物等强制执行措施对行为人进行处罚。(2)对于偷税数额较大或情节严重的行为以及抗税行为，触犯刑律的，依法给予刑事处罚。

(二)改革传统税种

传统税种中，资源税和消费税的环境保护功能最为突出，应将其作为改革的重点目标和方向。

第一，资源税改革。资源税是根据在我国境内从事资源开发企业之资源开发条件的优劣，设置不同税率，以调整企业间的级差收入，促进其公平竞争的税种。当前，我国资源税的征收范围仅限于7种矿产品和盐，范围过窄，不利于对其他资源的合理保护。因此应将破坏比较严重，须加以保护性开发和利用的可再生资源逐步纳入征收范围，如海洋资源、草场资源、森林资源等。此外，我国的资源税以销售量或自用量，而非开采量为计税依据，即纳税人开采和生产的资源产品用以销售的，以销售量为计税依据；自用而不销售的，以自用量为计税依据。此种计税方式使企业对已开采，但在生产、加工过程中被过滤、淘汰，未销售也未自用的资源不需要付出任何税收代价，客观上放任了资源过度开采和浪费的行为。改革过程中应注重完善计税依据，将以销售量或自用量为计税依据调整为以开采量为计税依据，并适当提高计税税额。对稀缺性、非可再生资源加大计税力度，最大限度地制止掠夺性开采。

第二，消费税改革。我国的消费税是“对特定的消费品和消费行为征收的流转税，旨在引导消费方向，调整消费结构，抑制超前消费和增加财政收入”。[1] 尽管目前我国已将包括汽油、柴油、小汽车等在内的多种消费品作为征税对象，但仍有很多易给环境带来危害的消费品游离于征税范围之外。因此，调整和扩大征收范围是消费税改革的第一步。原财政部长楼继伟在其主编的《财政改革发展若干重大问题研究》一书中建议，要将更多的高消费、高耗能、高污染产品和服务行为纳入消费税征收范围，如一次性不可降解物、电子产品、破坏臭氧层化学品等严重破坏环境的产品及高档时装、高档皮草等新型奢侈品等。本书赞同楼部长的观点，适时调整消费税征收范围，既有助于优化消费税税率结构，合理调整税率水平，又有助于保护环境，节约资源。在此基础上，笔者建议，一些奢侈品和高污染品的税率应被提高，以促使消费者和生产者做出有利于降低污染，抑制过度消费的选择，充分发挥消费税在保护环境方面的积极引导功能。

（三）修订税收优惠政策

广义上的环境税收法律体系还包括税收优惠政策。在税收先行的国家，税收优惠政策主要被用来鼓励实施节能环保的企业，我国也不例外。目前，我国实行的环境税收优惠政策主要包括对循环再利用废渣、废水、废气进行生产的企业减税或免税；国外企业如果在节约能源或环境保护方面提供专有技术，获得的专有技术使用费可按10%的税率征收等。从整体来看，我国的环境税收优惠政策形式单一，在控制环境污染，引导企业推行循环经济模式方面的功能有限，亟待修订和完善。本书建议，在保存现有减税、免税和零税率等税收优惠形式的基础上，针对不同的优惠对象，采取形式多样

[1] 李挚萍：《经济法的生态化》（第1版），法律出版社2003年版，第166页。

的税收优惠政策，以整合资源、形成合力，贯彻落实税收对环境保护和资金吸纳的鼓励和扶持政策。具体而言：(1)在资源税中增加鼓励资源回收再利用，开发利用新能源的税收优惠政策，着力提高资源利用效率，促进发展循环经济；(2)在增值税中增加销售或购买环境保护设备免征或减征增值税的优惠政策，降低企业的环境保护投资压力；(3)增加购进先进机器设备加速折旧的规定，鼓励环保科技创新，加速产品更新换代；(4)在所得税中增加再投资退税、投资抵免等优惠政策，积极引导环保资金回流。

二、建立良好生态区域免费或低费开放机制

环境税收为环境保护及生态福利分配提供稳定可靠的资金来源。环境税收法律体系的完善是发挥税收的财政支持功能，增加政府财政收入，为生态福利分配筹措更多资金的必要保障。以之为前提和基础，再行建立良好生态区域免费或低费开放机制才能建构完整的生态福利分配制度。

(一)适度、适时降低或取消良好生态区域的门票

“良好生态区域属于全人类的共同财富，是一种公共资源，为了让更多的人享受到这种资源，目前，国际上存在着降低良好生态区域门票，甚至免费开放的趋势。”[1]不过，考虑到我国是一个人口大国，如果立即、完全取消国家公园等良好生态区域的门票，很可能会因游客的蜂拥而至给景区带来难以承受的压力，公众不仅不会获得期望享受的生态福利，相反，可能会对生态区域内部环境造成严重破坏，引发因游客拥挤而产生的负外部性。此外，要长期保持生态区域的干净、整洁，政府需要投入大量的人力、物力、财力进行管理、打扫、修缮，产生的相关费用若完全依赖政府的财政投入恐怕短期之内是有难度的。本书认为，应当在充分考虑我国国情的基础上，适度、适时降低或取消国家公园等良好生态区域的门

〔1〕 柏杨、王超：《北京世界文化遗产游览参照点门票涨价质疑》，载《吉林商业高等专科学校学报》2005年第2期。

票。所谓适度降低或取消是指一些具有教育意义和价值且维护成本较低的生态区域,如爱国主义教育基地等应当全部取消门票,而具有极高历史、文化和科研价值或维护成本较高的景区、国家公园,如国家森林公园等则需要综合考虑国民经济收入水平和修护成本制定合适的价格。所谓适时取消是指收取门票的景区、国家公园等生态区域可以在旅游淡季的某个时间段免费开放,一方面可以引导公众错峰出游,降低景区、公园旺季载客压力;另一方面也可以使一些低收入者有机会进入游览,保证其公平享受生态福利的权利。

(二)设置亲民性服务措施,方便民众享受生态福利

亲民性是发达国家国家公园建设和发展的突出特点。我们可以此为鉴,在国家公园等良好生态区域内设置徒步、自行车、野营等体验性较强的活动项目,方便民众亲近自然、感受自然并享受自然。同时,还可以通过宣传资料、导游讲解、解说标牌、自助语音系统以及与高等院校、科研院所合作推出讲解会、研讨会等形式向民众介绍生态区域的历史、景观、生物资源,使人们了解和体悟环境资源的价值和意义,无论是儿童还是成人都可以从中获得一次良好的环境教育,加深对大自然的认识和情感体验。通过这种方式可以推动个人环保、监管理念的发展,加强公众对生态环境资源保护的理解和支持,更为重要的是最大限度地尊重和保障民众能够充分享受生态福利。

(三)加强对良好生态区域的管理

良好生态区域免费或低费开放后,游人增多,管理工作量增加,难度加大。对此,本书认为应当:(1)完善良好生态区域管理相关法律法规。根据生态区域的开放程度和实际情况,尽快建立和完善相关法律规范,将生态区域的规划、建设、管理、维护、游览等行为都纳入法制化轨道。通过修订生态区域管理规定、公园须知等规范内容,进一步明确工作人员的管理职责,规范各方行为,完善生态区域管理方式,强化生态区域制度建设,保持良好生态环境。(2)淡化生态区域的经济实体功能,加大资金投入。

伴随良好生态区域的免费或低费开放,其经济实体功能被逐步淡化,从而需要增加资金投入以支持和保障其建设与持续发展。政府需要增加一定的财政支出,解决免费或低费开放后,生态区域日益增长的工作人员开支、绿化养护、基础设施建设与维护等问题。(3)优化资源,建立社会联动共管机制。生态区域免费或低费开放后,区域内治安、卫生、绿化、后勤、基础设施维护等服务工作逐步社会化,只有加强各部门之间的协调,建立市政、城管、公安、街道等联动合作机制,如增加安保人员,安装治安视频监控设施,设立治安警务室,在事故多发地段设立治安岗哨等,才能有效维护区域内的秩序。唯有把良好生态区域主动纳入社会网络化管理体系中,才能为广大公众打造安全、放心的生态福利享受环境。

第四节 优化生态福利救济制度

生态福利救济制度是生态福利法律制度的保障,它是社会成员的生态福利权遭受侵害时,法律提供的必要救济手段。生态福利权的实现需要政府相应义务的履行。如果政府不履行或不切实履行生态福利供给、分配义务,则构成对生态福利权的侵害。权利人可主要通过行政救济和司法救济两种途径对遭受侵害的生态福利权予以保障。因此,建立完备的生态福利救济制度需要健全与完善生态福利权行政救济机制和生态福利权司法救济机制。

一、健全生态福利权行政救济机制

设立专门的行政救济机构是健全生态福利权行政救济机制的第一步。行政救济是通过行政机关内设机构对遭受侵害的生态福利权给予的法律救济,它是行政机关自我救济的一种方式。离开了独立的行政救济机构,生态福利权行政救济便无从开展。与法院相比,行政救济机构具有独特的优势:(1)审理的案件程序简单,费用低廉。例如,美国的申诉委员会对于许多事实清楚、证据相对充分的案件,可以直接通过书面方式进行审理和判决,不需要经过听证、开庭等程序,因此有助于快捷高效地处理大量的生态福利权纠纷。(2)工作人员专业技能高,经验丰富。由于生态福利行政救济机构长年累月专门处理该领域的纠纷,其中的工作人员大都具备专业知识和丰富经验,能够对案件做出准确、迅速的处理。相比之下,如果案件诉诸法院,法官不一定是该领域的专家,可能难以对案件做出及时判决。(3)有利于减轻司法负累,节约司法资源。行政救济机制有助于将大量细小琐碎的案件消化在行政机关内部,只有少数对行政救济机构的裁决不服的案件才进入法院。这样能够对案件进行有效分流,使法院可以集中力量解决重大疑难案件,以利于司法资源的最优配置。基于上述,建议在借鉴发达国家经验的基础上,在我国设立专门的生态福利行政救济机构。具体构想是:在县级以上人民政府环境保护主管部门内设生态福利申诉委员会,委员会成员由环境行政机关的工作人员、环境保护领域的专家学者以及环保组织代表 5 ~ 13 人组成,环境保护主管部门的负责人任主任委员。申诉委员会对简单的案件,可直接以书面方式做出裁决。生态福利权人对环境保护主管部门的决定不服的,可以先要求该申诉委员会复审,主持复审者不能是原来做出决定的官员;对复审决定不服的,可向上一级环境保护主管部门内设的生态福利申诉委员会申诉;对申诉决定仍不服的,生态福利权人还可向人民法院提起行政诉讼。

二、完善生态福利权司法救济机制

生态福利权行政救济程序快速高效的特点有助于纠纷的及时处理和解决,但也可能因对效率的追求而忽视对正义的维护。“司法的目标是提供最高标准的正义,因此,一项权利要获得最充分的保障,就必须能够诉诸法院,获得司法救济。”[1]实践中,环境行政公益诉讼是对生态福利权进行司法救济的最主要方式。针对当前我国环境行政公益诉讼中存在的

〔1〕 陈国刚:《福利权研究》,中国民主法制出版社 2009 年版,第 150 页。

原告起诉资格规定不明确，受案范围规定不清晰，举证责任分担不合理，诉讼费用阻却公众参与等问题，本书建议从以下几个方面予以完善。

（一）拓宽原告起诉资格

目前，我国的环境行政公益诉讼建立在“法律上的利害关系”理论基础之上，原告起诉资格过于狭窄，导致实践中诸如生态福利权遭受侵害的案件“无人诉”“不敢诉”“无法诉”的怪象。为更好地保护环境公共利益，保障当事人的生态福利权，首先应当拓宽原告的起诉资格。

第一，激励环保团体起诉。作为直接以环境保护为目的的社会团体，环保团体对环境状况、环境问题、生态福利侵害更为了解，再加上其群众基础扎实，更能准确反映社会公众的生态福利需求和愿望。同时，环保团体的非官方性质使其不需要受制于任何行政机关，自主性较强。环保团体的专业性、资金实力、诉讼能力也强于个人。因此，由它们代表社会公众提起环境行政公益诉讼，以维护生态福利权应当可以收获良好的法律效果和社会效果。美国的最高法院判决确认了环保团体基于生态福利权遭受侵害提起环境行政公益诉讼的起诉资格。判决明确指出：环保团体只需在诉状中写明其成员所享有的环境权利如“美学的、娱乐的、生态的”价值（生态福利权）遭受损害即可确立它的起诉权。[1] 其他很多发达国家也对环保团体的环境行政公益诉讼起诉资格给予了肯定，极大地促进了公众对生态环境保护的积极参与，有力地维护了环境公共利益。相比之下，我国环保组织的诉讼能力羸弱，虽然《民事诉讼法》[2]等相关法律赋予了环保团体提起环境公益诉讼的资格，但实践中以环保团体的名义提起的环境公益诉讼数量有限，因此，应当增设激励条款，提高环保团体

---

〔1〕 参见王曦：《美国环境法概论》，武汉大学出版社1992年版，第148页。

〔2〕《民事诉讼法》第55条规定：对污染环境、侵害众多消费者合法权益等损害社会公共利益的行为，法律规定的机关和有关组织可以向人民法院提起诉讼。

人民检察院在履行职责中发现破坏生态环境和资源保护、食品药品安全领域侵害众多消费者合法权益等损害社会公共利益的行为，在没有前款规定的机关和组织或者前款规定的机关和组织不提起诉讼的情况下，可以向人民法院提起诉讼。前款规定的机关或者组织提起诉讼的，人民检察院可以支持起诉。

起诉的积极性和主动性。

第二，增加公众集团诉讼。美国的集团诉讼非常发达，它是指集团成员中的一个人或数个人，为维护全体成员的共同利益，作为代表提起诉讼。法院对集团诉讼所做判决的效力不限于直接参与诉讼的集团成员，对其他没有参与诉讼的成员也具有约束力。该种诉讼模式颇具借鉴意义且具有诸多优势：集团诉讼实际上是将诸多社会成员的个人力量凝聚起来形成整体，从而在资金、技术、资料方面占据优势，有利于和强大的行政机关相抗衡。判决效力的开放性也极大增加了集团诉讼的“魅力”。该类诉讼的判决约束力不仅局限于“参加诉讼的生态福利权人”，而是自然扩及至“不确定”的集团成员，从而真正维护了生态福利。集团诉讼还有助于避免滥诉和节约司法成本。与个人单独提起环境行政公益诉讼相比，生态福利权人联合起来形成集团诉讼，可大大提高胜诉率，也在一定程度上避免了滥诉。立足法院的角度，集中审理同一类型的多数人诉讼案件，节约了成本和资源，有利于实现同案同判，维护法律的尊严和权威。此外，集团诉讼还有利于打破长期以来我国民众的“厌诉”“畏诉”心理。社会公众“抱团”诉讼，极大地提升了胜诉机会，大大增强了起诉人的诉讼信心，增加了其对环境保护和维护自身权益的热情，从而使公众真正参与到维护环境利益和生态福利的事业中来。

（二）扩大受案范围

受案范围的狭窄也是制约我国环境行政公益诉讼发展的重要原因。因此，应对行政诉讼的受案范围予以调整：(1)将环境权（包括生态福利权）遭受侵害的案件明确列入行政诉讼的受案范围。随着社会的发展和生活水平的提高，环境问题逐渐变得明显而尖锐，人们对良好环境的需求日益迫切。我国已经确立了“五位一体”的发展格局，生态文明建设被置于与经济、政治、文化、社会建设同等重要的地位。在此背景下，环境权（包括生态福利权）损害案件应当与人身权、财产权损害案件一并明确列入行政诉讼的受案范围，为环境行政公益诉讼提供扎实的法律依据，并切实维护和保障社会成员享受生态福利的权利。(2)将环境行政不作为纳入行政诉讼的受案范围。环境损害的不可逆性以及环境治理的复杂性和艰难性决定了对环境公共利益(包括生态福利)的维护具有时限性。一旦环境行政机关不作为,就有可能出现环境污染和损害的进一步扩大,造成难以挽回的损失。在行政诉讼受案范围中增加环境行政不作为,有利于督促行政机关及时履行职责。(3)将抽象行政行为纳入行政诉讼的受案范围。与具体行政行为相比,抽象行政行为对包括生态福利在内的环境公共利益的损害更大。因为抽象行政行为具有适用面广且反复适用的特点。一旦造成损害,其负面影响可能是具体行政行为的几十倍甚至上百倍。美国的《联邦行政程序法》就非常注重对抽象行政行为的司法审查,其中规定除法律排除司法审查和行政机关的自由裁量行为外,其他行政行为都属于司法审查的范围。对抽象行政行为进行司法审查,有助于从源头上预防生态福利侵权案件的发生。因此,我国也应当参照国际做法,将抽象行政行为纳入环境行政诉讼的受案范围。

(三)合理分配举证责任

举证责任的分配事关诉讼成败。出于环境公益目的的考虑,发达国家普遍要求环境行政公益诉讼的原告仅承担一般的举证责任,即起诉人仅需证明行政违法行为与环境损害或其遭受的不利益之间存在一定的因果关系,而且这种损害不限于物质损害或经济损失,仅是美学上的损害(即生态福利损害)足矣,其他事项则由被告承担举证责任。如在日本的环境行政公益诉讼中,原告只需提交存在环境损害的初步证据,至于损害事实及行政违法行为与损害结果间存在因果关系的证明责任均由被告承担。考虑到原被告举证能力的差异及国际通行做法,我国也应当减轻环境行政公益诉讼原告的举证责任,令其承担(行政违法行为与损害结果间存在)因果关系的一般证明责任即可。此举有助于减轻生态福利权人的诉讼负累。

(四)合理分担诉讼费用

传统诉讼由败诉方承担诉讼费用。鉴于环境行政公益诉讼维护环境公共利益的特殊性,应当与普通诉讼区别开来,依据公平原则合理分配诉讼费用;由于环境行政公益诉讼的起诉方需要为诉讼多方收集信息,花费大量的时间和精力,还可能承受来自社会各方面的压力,因此原则上原告无须承担任何诉讼费用。不过,为了防止滥诉,可先行向原告收取押金。如果被告败诉,诉讼涉及的律师费、交通费、鉴定费等所有费用转由被告行政机关承担,同时向原告退还事先收取的押金。并给予胜诉的原告一定的奖励,以调动社会公众提起环境行政公益诉讼,捍卫自身生态福利权的积极性。

第五节　加强配套制度建设

无论是生态福利供给、分配,还是救济制度建设无不需要资金保障和公众支持。虽然以税收为主体的政府财政收入为生态福利的发展提供着重要的资金来源和支撑,但仅限于此,恐怕无法满足庞大而多元化的现实需求。尽管政府是生态福利法律制度建设的规划者和主导者,但倘若离开公众的配合和参与,怕也难以确保制度的顺利推行,获得良好的效果。因此,资金保障制度和公众参与制度应当作为生态福利法律制度的配套制度加强建设。

一、建立生态福利资金保障制度

充裕的资金保障是发展生态福利的物质基础。据前文分析,我国生态福利发展结构不合理突出表现在福利建设投资总量不足和投资结构不均衡两个方面,生态福利发展机制不完善的原因之一也是筹融资机制不科学。可见,要促进生态福利的良性、健康发展,必须建立相对完善的生态福利资金保障制度。

(一)将生态福利建设资金纳入财政预算

在生态福利发达的国家或地区,政府普遍重视对福利建设资金的投入和支持。前文已述,日本、美国每年用于生态环境保护,提升环境品质的费用都相当惊人。我国政府在环境资源保护和生态福利供给、分配领域的财政投入则较为有限。表4.1、表4.3清晰显示,我国环境保护投资总量不足、投资比重失衡、投资结构不均的问题非常突出。因此,政府应着力加大财政投入力度,将生态福利建设资金纳入统一财政预算。财政预算是政府资金支出的"指挥表",是保障财政资金合理、有序流动的重要依据。各领域所需财政支持只有明确列入预算,才能"师出有名",实际拨付。因此,生态福利建设资金也应在政府财政预算中占据一席之地。实践中,政府财政预算由中央政府财政预算和地方政府财政预算两部分构成。中央政府应立足全局、统筹规划,仔细考量生态福利在社会整体发展中的重要地位和作用,结合我国人口总量、城乡差异和区域差异计算出合理的生态福利资金预算比例。而地方政府则应充分考虑本地实际,如人口数量、资源分布状况等,以明确生态福利建设资金在本地财政预算中所占份额。

(二)建立资金专款专用机制

在明晰预算的基础上,应确保资金使用的专项性,避免预算变为"一纸空文"。生态福利建设资金只能用于良好生态环境建设和供给、分配生态福利,坚决杜绝资金被擅自截留或挪作他用。同时,要加强资金使用的管理和监督。一方面,需对资金用途做出细致规定,并严格执行;另一方面,通过事后监督,了解资金流向,如发现资金被擅自挪用,相关主体或个人应承担相应的法律责任。当然,生态福利建设毕竟是社会发展领域的一个组成部分,虽然占据基础地位,但财政资金支出比例也应当在合理预算范围之内,不宜盲目、过量投入。

(三)优化筹融资机制

生态利福利建设所需资金巨大。从资金来源上说,如果单纯依靠政府财政收入,恐怕难以充分满足实际需求。因此,建立政府主导下的社会化投融资机制势在必行:(1)创新融资模式。可探索推进特许经营、合作经营、股权基金等多种方式，积极尝试采用 BOT、TOT、PPP[1]等模式，吸引民间资本投资，服务于生态福利供给、分配基础设施建设和公共服务供给；勇于创新直接融资方式，通过灵活运用债务融资工具、股权投资、基金等手段，提升直接融资效益；注重开拓间接融资渠道，通过加强银政、银企合作，借助担保、信贷、授信等便捷途径盘活资源，吸引资金注入。(2)建立互联网投融资平台。以移动支付为基础，充分发挥互联网金融优势，实现支付方式、信息处理、资源配置的优化，降低市场信息不对称和金融中介产生的消极影响，提升融资效率。(3)建立退出机制。对注资的民间资

---

〔1〕 BOT 融资模式(Build-Operate-Transfer，建设—经营—移交)是项目融资诸多方式中的一种，在我国又被称作“特许权投融资方式”。一般由东道国政府或地方政府通过特许权协议，将项目授予项目发起人为此专设的项目公司(project company)，由项目公司负责基础设施(或基础产业)项目的投融资、建造、经营和维护；在规定的特许期内，项目公司拥有投资建造设施的所有权(但不是完整意义上的所有权)，允许向设施的使用者收取适当的费用，并以此回收项目投融资、建造、经营和维护的成本费用，偿还贷款；特许期满后，项目公司将设施无偿移交给东道国政府。参见百度百科：《BOT 融资模式》，载百度网：http://baike. baidu. com/link? url = mVEipp-E8wWfElWWSzutkycu6V _ 4YFvMiVJjqo-fkQRjwSry3-r1OOnAiXafkQyvODYKyXTVI5SDmox G2N-9eqkK，最后访问日期：2018 年 8 月 23 日。TOT(Transfer-Operate-Transfer，移交—经营—移交)方式是国际上较为流行的一种项目融资方式，通常是指政府部门或国有企业将建设好的项目的一定期限的产权或经营权，有偿转让给投资人，由其进行运营管理；投资人在约定的期限内通过经营收回全部投资并得到合理的回报，双方合约期满之后，投资人再将该项目交还政府部门或原企业的一种融资方式。参见百度百科：《TOT》，载百度网：https://www. baidu. com/index. php? tn = 980120-88_6_dg&ch = 1#ie = utf-8&f = 3&rsv_bp = 1&rsv_idx = 1&ch = 1&tn = 98012088_6_dg&wd = TOT% E8% 9E% 8D% E8% B5% 84&oq = bot% E8% 9E% 8D% E8% B5% 84&rsv _pq = b29f59f10002b8f8& rsv_t = d2a8pHe% 2BfD6cr% 2BdYTXgXVi0BrMe2fWW9sQlZP4mj% 2B97-Gl2xrqWnAEwRJtQ% 2FVRccLlObsfg&rsv _ enter = 0&rsv _ sug3 = 10&rsv _ sug1 = 9&rsv _ sug7 = 100&prefixsug = TOT% E8% 9E% 8D% E8% B5% 84&rsp = 0&inputT = 133469&rsv_sug4 = 133469，最后访问日期：2018 年 8 月 23 日。PPP(Public－Private Partnership，政府和社会资本合作)模式是一种政府和社会资本合作模式，是在基础设施及公共服务领域建立的一种长期合作关系。通常模式是由社会资本承担设计、建设、运营、维护基础设施的大部分工作，并通过“使用者付费”及必要的“政府付费”获得合理投资回报；政府部门负责基础设施及公共服务价格和质量监管，以保证公共利益最大化。政府是整个 PPP 项目的发起人与最终所有者，是 PPP 项目的控制主体，决定着是否设立此项目，是否采取 PPP 方式。它有权在项目进行过程中对必要的环节进行监督和管理。在项目特许到期时，还具有无偿收回该项目的权利。金融机构是 PPP 项目融资中的资金提供者，即一些商业银行和非银行金融机构，有时还包括国家的出口信贷机构和世界银行或地区性开发银行。通常，PPP 项目的负债率高达 70% ~90%，因而金融机构是 PPP 项目的主要出资人。参见百度百科：《PPP》，载百度网：http://baike. baidu. com/link? url = I8M5-abgDECxD3Kh4LYTMvdj_xrAgPYE8dNHpxAclslnJN1F4-LlzBMldD8m-PYjvxIAgu1tR3F-FVgX-JWlwMt800b2DmjbeVrOuCfEz-QS，最后访问日期：2018 年 8 月 23 日。

本进行监督，一旦发现虚假注资、违法注资、资金链断裂等问题，及时通过退出机制予以清理。

（四）建立生态财政转移支付制度

生态财政转移支付制度是借助财政纵向转移和横向转移的方式，对生态不发达地区给予支持，帮助其保护并提升环境质量，以缩小与其他地区在生态产品和生态服务方面差异的法律制度，它是确保生态福利在城乡之间、区域之间依既定标准均衡供给、分配的重要途径和手段。“生态财政转移支付的资金流向不同于一般转移支付，它不是简单的劫富济贫，而是根据不同地区的生态功能划分做出的财政补偿，与当地的经济发展水平没有直接必然的联系。”[1]也就是说，生态财政转移支付受益对象的选择及受益程度的大小仅以地区生态功能状态为衡量标准，与其他因素无关。据此，那些自然禀赋不足的生态脆弱或不发达地区就能借助上级政府的纵向财政转移以及来自同级其他地区的横向财政转移获取资金帮助，用以改善本地的生态环境质量状况，提升居民的生态福利水平。具体而言，生态财政转移支付制度建设可从以下几个方面进行：(1)明确财政转移支付主体及财权事权范围。立法部门及中央政府财政部门应联合出台相关规定明晰生态财政转移支付主体的范围及各自的职责权限，尤其是财政权和人事权。在此基础上，还应细化财政转移支付的程序性事项，如财政转移的具体流程，以增强规定的可操作性，确保转移支付工作的顺利推行。(2)明晰生态财政转移支付的受益对象。这是转移支付制度的核心。彻底改观真正需要财政援助的生态欠发达地区的环境状况，从根本上保证当地居民生态福利的实现是建立生态财政转移支付制度的终极目标。因此，受益对象的确定至关重要。究竟哪些地区可以成为支付对象，需要生态环境部门及相关部门在深入调查、了解各地生态环境状况的基础上，认真加以分析对比，权衡利弊，从中选出最符合条件要求者加以

〔1〕 徐莉萍、蔡雅欣等：《生态财政转移支付制度研究》，载《中国人口·资源与环境》2012年第22期。

明确。(3)制定严格的受益标准。生态环境部门、财政部门应会同有关部门根据生态脆弱地区的环境质量状况,生态恢复工程规模大小,人力、物力配备情况等因素制定受益标准。标准可分级分类制定,区分不同情况,设置大小不同的尺度,便于各地结合自身情况选择适用。(4)确保财政转移支付资金专款专用。

(五)建立生态福利专项基金制度

从国际经验和国内实践来看,建立生态福利专项基金制度是解决我国生态福利资金保障问题的较优选择。我国生态福利专项基金制度的内容主要应包括基金的资金来源、适用范围、基金的管理和监督等。(1)基金的资金来源。①政府财政拨款。政府拨款是设立生态福利专项基金的有力支持和保障。"美国在1980年设立'危险物质基金'时,资金来源主要有两个方面:一个是来自对生产石油和某些无机化学制品行业征收的专门税;另一个就是来自美国联邦政府的财政拨付。"[1]我国的生态福利专项基金也可以政府拨款为主要融资渠道,最大限度保障资金来源的稳定性和持续性,增加基金储备。②生态福利捐款。我国大部分环境保护基金组织的资金都来源于社会募集和捐赠,如广东省环境保护基金组织的原始基金数额为人民币400万元,源于社会募集和捐赠;中华环保基金会的原始基金数额为人民币800万元,源于基金会发起人和社会有关组织及个人的捐赠。[2]生态福利专项基金也可以考虑采用开放式模式,广泛吸收个人、社会组织和社会团体的捐赠,拓展资金来源渠道。③生态福利彩票。近年来,我国彩票博彩业得到较快发展,福利彩票、体育彩票有着巨大的资金吸纳能力和市场发展空间。环保领域也可以借鉴这些有益经验,公开发行生态福利彩票。发行生态福利彩票筹集资金可以发挥

---

〔1〕 綦金辉、赵爽:《环境公益诉讼资金保障制度探究》,载《西部法学评论》2014年第2期。

〔2〕 《广东省环境保护基金会章程》第4条规定:本基金会的原始基金数额为400万元人民币,源于社会募集和捐赠;《中华环保基金会章程》第4条规定:本基金会的原始基金数额为800万元人民币,源于本基金会的发起人和社会有关组织及个人的捐赠。

彩票业“取之于民，用之于民”的作用，缓解生态福利建设资金短缺的压力。(2)生态福利专项基金的适用范围。生态福利专项基金应主要用于支付因生态福利损害而产生的环境行政公益诉讼费用，如鉴定费、公告费、勘验费、评估费等。倘若环境行政公益诉讼的被告败诉，则应由被告负担上述实际发生的费用；倘若原告败诉，且原告为法律明确授权行使环保职能的机关，则由国家承担实际发生的费用；倘若原告为依法登记或免于登记的非营利性环保团体或符合法律规定条件的其他社会组织，败诉费用则应考虑由基金支付。此外，基金还可用于国家公园建设、非环境污染生态修复等事项，在国家财政支持暂时缺口的情况下，可先行使用基金垫付，事后再由国家以财政拨款方式将费用补入基金。(3)生态福利专项基金的管理。鉴于生态福利专项基金的适用范围广泛且具有公益性，为便于基金的规范管理和使用，维护社会公共利益，可以考虑设立生态福利专项基金管理委员会。委员会成员由热爱环保的社会人士 7～15 人组成，负责基金的筹集、使用申请的受理、申请是否符合基金使用条件的审查以及支付等具体工作。还可考虑赋予该基金管理委员会以法人地位，“使其在环境公益诉讼费用承担中能以基金财产独立承担责任，以自己的身份独立参加诉讼”。[1] (4)生态福利专项基金的监督。“国外关于环保基金的监督方式主要有三种：一是以美国为代表的由环境保护局统一领导监督；二是以荷兰为代表的由环境行政部门最高领导人负责监督；三是以日本为代表的由专门协会负责监督”。[2]考虑我国生态福利专项基金来源、管理和使用的复杂性、多元性，对其监督应注意以下两点：①由财政部和生态环境部共同负责。一方面，在于政府财政拨款是基金的资金来源之一，财政部应对基金的运行状况进行监督；另一方面，由于基金主要用于生态福利的供给、分配及环境行政公益诉讼，故生态环境部也应对基

〔1〕 梅宏、陈志英：《船舶溢油应急反应机制的资金保障制度研究》，载《太平洋学报》2010 年第 10 期。

〔2〕 同上。

金的使用和管理进行监督。②引入社会监督机制，使基金的管理和使用状况接受社会公众的审查，如规定公众有权查阅基金管理委员会的账目和档案，有权对基金的资金流向进行检查评议，这也是保障公众知情权的必然要求。

二、完善环境公众参与制度

环境公众参与制度是“政府及其机构之外的个人或社会组织，通过一系列正式或非正式的途径，直接参与政府环境公共决策的制定和执行过程，从而影响环境公共决策，维护环境公共利益的行为”。[1] 它是“针对各级政府及有关部门的环境决策行为、经济环境行为以及环境管理部门的监督制度，是一种听取公众意见、取得公众认可的环境保护制度”。[2] 据前文述及，公众参与的途径和表达机会有限，社会力量介入不足是导致我国生态福利供给机制不完善的主要原因。因此，优化环境公众参与制度，拓展社会公众参与生态福利法律制度建设的渠道，广泛吸纳社会力量加入生态福利事业发展是实现生态福利平等、公平分享的必然选择。

公众是共建生态福利型社会的真正主体和强大力量。在构建生态福利法律制度的过程中，引入公众参与是广泛调动人民群众参与生态福利供给、分配的积极性和热情，充分保障民众生态福利共享的根本之策。

我国多部法律规范均直接或间接规定了环境公众参与制度。如2002年颁布的《环境影响评价法》第5条规定：国家鼓励有关单位、专家和公众以适当方式参与环境影响评价；2008年施行的《政府信息公开条例》明确了政府信息的公开范围、方式和程序；2008年《环境信息公开办法（试行）》又细化了政府环境信息和企业环境信息的公开范围、方式和程序；我国2014年《环境保护法》第5条再次强调环境保护应坚持公众参与原则。不可否认，这些规定在保障公民的参与权，缓和因环境问题引发的社会矛

〔1〕 史玉成、郭武：《环境法的理念更新与制度重构》，高等教育出版社2010年，第66页。
〔2〕 吕忠梅：《环境法新视野》，中国政法大学出版社2000年版，第257页。

盾,抑制因政府权力滥用带来的生态福利损害方面确实发挥了积极而显著的作用,但它们大多过于宏观、原则,对一些具体事项尤其是公众参与的范围、程度及程序保障问题规定的并不细致。因此,应细化相关内容。

(一)明确公众参与的范围和程度,拓宽参与途径

首先,在相关法律中明确将公众参与的范围扩展至生态福利供给与分配的各个基本方面,具体包括:生态福利供给、分配的决策、规划;国家公园、非环境污染生态修复项目的论证、实施;生态福利供给行政处罚的决定与执行;生态福利供给行政许可的设定;国家公园使用权的设定;非环境污染生态修复的决定、实施;涉外生态福利享用的纠纷及公益诉讼等,使公众从末端参与向事前参与和事中参与扩展。其次,拓宽参与途径。如通过信访、听证会、座谈会、调查意见会、设置群众意见箱,开通民众热线,微博、微信等方式,倾听群众对生态福利法律制度建设的意见和要求。通过设立市民评审团或街区议事会,为市民交流生态福利供给、分配经验,解决民众难题搭建平台,以增加其对居住地区的归属感和责任感,自愿为生态福利事业做出贡献。

(二)明晰公众参与主体资格的取得标准

从应然角度而言,凡是参与法律关系的任何公民和组织,都能够成为法律关系的主体,但“法律关系的主体具有法定性,即法律关系的主体是由法律规范所规定,与法律规范的联系构成了法律关系主体与其他形式社会关系主体的区别。不在法律规定的范围内,不得任意参与到法律关系中,成为法律关系的主体”。[1]因此,唯有符合主体资格取得标准者才是真正意义上的公众参与主体。学者普遍认为,“环境公众参与主体应是与环境事务有关或感兴趣的人,具体可以从五方面进行考量:一是空间距离,即生活在项目周围的人,如很有可能受到噪声等威胁的人,可能是最明确受影响的人。二是经济利益,即可能因项目建设而获得工作或在竞

---

〔1〕 赵正群:《得知权理念及其在我国的初步实践》,载《中国法学》2001 年第 3 期。

争中获益或相反的团体。三是是否使用环境,即拟议项目可能影响到那些地区的环境使用者,如垂钓者等。四是社会关注,即那些把拟议项目看作是对地方社区传统文化威胁的人会感兴趣。五是价值观,即拟议项目产生的某些问题会直接影响到他们的价值观”。[1]具体的公众参与主体资格的取得标准还需要在相关法律法规中予以明确。

(三)完善公众参与的程序

首先,信息公开,保障公众的知情权。知情权是环境保护公众参与的前提条件、基础和客观要求,指公众获取政府持有的环境状况、国家环境管理情况,尤其是其居住区域环境质量状况以及环境保护活动信息的权利。为了保障公众的知情权,必须实现信息公开。“1992 年人类环境与发展大会上发表的《里约宣言》原则 10 指出,‘每个人都应享有了解公共机构掌握的环境信息的适当途径……国家应当提供广泛的信息获取渠道’。随后,1994 年联合国附属委员会的《人权与环境纲领宣言》中明确规定了公众参与环境管理的程序性权利应包括:‘获得环境信息的权利,及取得、传播观点和信息的权利’”。[2]具体到生态福利建设,则需确保公众及时了解生态福利供给、分配的状况,包括具体的方式、步骤、流程等。为此,应建立专门的生态福利供给、分配信息收集机制。可以考虑同时建立实体及网络信息收集中心,充分利用“互联网 +”的优势,快速、便捷地收集生态福利保护规划,国家公园区域划分,非环境污染生态修复评估、监测等方面的信息,定期通过信息包、网络等形式向社会发布。对于重点国家公园、非环境污染生态修复建设项目应通过媒体及时向社会公布相关数据及工程进展情况,涉及国家秘密、军事秘密的信息除外。除涉密信息,公众均可通过申请查询相关信息。

其次,保障公众参与论证和决策的权利。在决策、论证程序中吸纳公

---

[1] 卓光俊:《我国环境保护中的公众参与制度研究》,重庆大学法学院 2012 博士学位论文,第 71 页。

[2] 同上。

众的意见和建议应成为生态福利供给、分配工作的必经程序，违反该程序强行进行项目建设或福利分配的，公众有权向信访部门举报或向上一级行政机关申请复议，还可提起行政公益诉讼。同时，必须保障公众发表和陈述意见的自由和时间。

最后，保障公众的监督权。公众监督应当贯穿生态福利供给、分配的全过程，包括事前规划、事后执行等。公众可就监督过程中发现的问题，要求相关人员或单位作出合理解释；对发现的错误，要求有关部门或人员加以改正；对违法犯罪行为有检举和控告的权利。

（四）加强宣传，提升公众环保意识

公众既是保护生态环境的义务主体，又是享受生态福利的权利主体。应借助各种宣传教育手段使公众明了，生态环境保护义务的切实履行是其充分享受生态福利的前提和保障，义务的履行质量直接影响其生态福利的获取程度。只有使广大民众明确自身的权利主体地位及切身利益与生态环境保护之间的关系，才能促使其自觉履行相应义务，积极参与生态福利的建设和发展。

结　论

本书立足公法角度,以完善生态福利法律制度为目标,以生态福利权为核心,对生态福利法律制度进行了全面、系统的论述,概括而言,主要形成了以下结论:

第一,生态福利法律制度,是指国家为保障社会成员的生态福利权,制定或认可的用以调整生态福利供给、分配、救济等相关社会关系的法律规范的总称,体现了生态福利供给、分配、救济活动的规范化和法制化。详言之,生态福利法律制度大致包括三个方面的内容:(1)生态福利供给制度,具体包括生态福利的供给模式和生态福利的供给内容。(2)生态福利分配制度,具体包括生态福利分配的原则和生态福利分配的方式。(3)生态福利救济制度,具体包括生态福利权的行政救济和生态福利权的司法救济。

第二,生态福利权是生态福利法律制度的核心。生态福利是政府和社会向全体社会成员免费或低费供给高品质生态环境的福利形态。通俗而言,生态福利就是政府和社会将高品质生态环境作为一种福利提供给全体社会成员。从属性来看,生态福利属于发展型福利,它是人类在生存保障基础上,为谋求生活品质的进一步提升和发展而成的福利形态;同时,生态福利也属于服务型福利,它是供给主体以生态服务方式提供的福利样态,不同于资金、实物等资源型福利。生态福利本身并非专门的法学术语,但社会成员获取生态福利应当成为法律上的一种权利,即生态福利权。它是不特定多数人为提升生活质量而要求政府免费或低费供给高品质生态环境的权利,具体包括生态福利享受权、生态福利给付请求权、平等福利份额请求权和生态福利救济权。一项制度如果不能具体化或成为公民可获得的权利,那么这项权利根本无法得到保障。生态福利权是生态福利法律制度的核心,生态福利法律制度以保障社会成员生态福利权的实现为旨归。

第三,生态福利权是环境权的高级样态和具体化。关于环境权的概念,学界尚未达成共识,蔡守秋教授、吕忠梅教授、陈泉生教授等都对其做出了界定。这些界定的最大不同就是对环境权的内容和范围的理解不同。尽管如此,学者们对环境权本质的认识应当是一致的:环境权是每位社会成员享受良好环境的基本权利。何谓良好?根据日本学者宇都宫深志的观点,“良好”的评价标准应当包括五个层次:第一层是安全,即达到人类维持生命和健康的基本要求;第二层是公共卫生,即解决关系到人体健康的公害问题,如水污染、噪声污染、大气污染等;第三层是环境的舒适性,即宁静、美丽等具有一定品质和悦目娱心作用的环境;第四层是历史、文化环境的保存;第五层是包括艺术、文化美等在内的环境质量的最高水平。生态福利权是人们享受第三层及以上环境品质的权利。它是在保证基本安全和健康层面环境品质的基础上,人们追求更高质量环境的权利样态。也就是说,环境权的内容可大致分为初级和高级两个层面。初级层面的环境权指每个人享受安全、健康等维持基本生存层面环境品质的权利。高级层面的环境权指每个人享受舒适、优美、文化等高品质环境的权利。生态福利权为高级层面的环境权,又称环境权的高级样态。这一定位可在一些国际法文件中得到印证。1970 年国际社会科学评议会在日本东京召开了“公害问题国际座谈会”,会后发表的《东京宣言》第 5 条指出:“我们请求,把每个人既有的健康和福利及不受侵害的环境权和当代人传给后代人的遗产作为一种富有自然美的自然资源的权利，作为一种基本人权，在法律体系中确定下来。”其中，每个人享有的“健康”不受侵害的环境的权利和“福利”不受侵害的环境的权利表达了环境权两个不同层次的内容，前者属于初级层面的环境权，后者则为高级层面的环境权。1986年世界环境和发展委员会（WCED）法律专家小组出具了一份《关于自然资源和环境冲突的一般原则的报告》，该报告申明：“任何人有权享有作为健康和福利之充分保障的环境权”。这不仅明确认可了环境权，而且再一次肯定了环境权初级（健康）和高级（福利）两个层面的内容。类似的国际公约还包括1998年6月35个来自欧洲和中亚的国家在丹麦奥胡斯签署的《奥胡斯公约》等。同时，由于生态福利权是一项可以实证化的具象权利，其内涵与外延均清晰明确，权利、义务主体指向明晰，更具可操作性，因此，它是环境权的具体化。与环境权相比，生态福利权更加强调政府对良好环境的保护、建设、供给和分配义务的履行以及社会成员获取高品质环境的免费性或低费性。

第四，生态福利法律制度以福利国家理论、公共产品理论和给付行政理论为基础和支撑。福利国家理论是通过强化政府在福利供给中的义务和责任，对公民的社会权利给予的制度性保障。它以政府为实施主体，以公民为受益对象，以政府主导为运行关键，以公平、平等和共享为基本价值理念。某种意义上说，福利国家理论就是有关福利国家法律制度的理论体系。它在制度的基础、运行模式和价值理念等方面为生态福利法律制度提供借鉴。生态环境属于公共产品范畴，具有非排他性和非竞争性。生态福利法律制度以调整政府向社会成员供给、分配高品质生态环境的行为为基本内容，是将“高品质生态环境”这一公共产品作为一种福利提供给社会成员的必要途径，目的是借助法律的规范和强制功能实现“高品质生态环境”这一公共产品的有效供应，保障社会成员的生态福利权。因此，公共产品理论是生态福利法律制度的重要理论依据。政府供给、分配生态福利属于典型的供给行政，是在社会成员基本权利扩张的基础上，政府职能演进的结果,是新时期给付行政的重要内容。给付行政理论为生态福利法律制度提供逻辑前提,而生态福利法律制度则为给付行政理论提供制度上的转化途径。

第五,我国已经具备了建构生态福利法律制度的基本条件,具有了一定的法律基础。不过,这些旧有的法律制度大多是我们以"贴标签"的方式探讨研究的产物。当前,我国生态福利法律制度存在不少问题:现行法律法规鲜有对环境权(包括生态福利权)的直接规定,生态福利法律体系内容散乱,生态福利供给制度不完善,分配制度不科学,救济制度不完备,等等。为此,需要以生态福利权为核心确立生态福利法律制度的总体框架,通过改进生态福利供给制度、健全生态福利分配制度、优化生态福利救济制度、加强配套制度建设等方式完善我国生态福利法律制度体系。

参考文献

一、中文参考文献

（一）中文著作

1. 薛勇民：《走向社会历史的深处：唯物史观的当代探析》，人民出版社2002年版。

2. 曹明德：《生态法原理》，人民出版社2002年版。

3. 秦鹏：《生态消费法研究》，法律出版社2007年版。

4. 李博：《生态学》，高等教育出版社2000年版。

5. 王树义：《环境法基本理论研究》，科学出版社2012年版。

6. 周沛、李静、梁德友：《现代社会福利》，中国劳动社会保障出版社2014年版。

7. 叶平：《环境的哲学与伦理学》，中国社会科学出版社2006年版。

8. 廖华：《从环境法整体思维看环境利益的刑法保护》，中国社会科学出版社2010年版。

9. 世界环境与发展委员会：《我们共同的未来》，吉林人民出版社1997年版。

10. 范进学：《权利政治论——一种宪政民主理论的阐释》，山东人民出版社2003年版。

11. 程燎原、王人博:《赢得神圣——权利及其救济通论》,山东人民出版社 1998 年版。

12. 夏勇:《人权概念起源》,中国政法大学出版社 1992 年版。

13. 中共中央马克思恩格斯列宁斯大林著作编译局:《马克思恩格斯选集》(第 2 卷),人民出版社 1972 年版。

14. 胡鞍钢、王绍光:《政府与市场》,中国计划出版社 2000 年版。

15. 马克思:《1844 年经济学·哲学手稿》,人民出版社 1979 年版。

16. 姜士林、陈玮:《世界宪法大全》(上),广播电视出版社 1989 年版。

17. 陈泉生:《环境法原理》,法律出版社 1997 年版。

18. 吕忠梅:《环境法新视野》,中国政法大学出版社 2000 年版。

19. 王树义:《俄罗斯生态法》,武汉大学出版社 2001 年版。

20. 吕世伦:《当代西方理论法学研究》,中国人民大学出版社 1997 年版。

21. 陈信勇:《法律社会学教程》,浙江大学出版社 2000 年版。

22. 王仕元:《市场经济大辞典》,中国国际广播出版社 1994 年版。

23. 单飞跃:《经济法的理念与范畴的解析》,中国检察出版社 2002 年版。

24. 黄锡生、孟庆瑜:《经济法学》(第 3 版),重庆大学出版社 2010 年版。

25. 陈国刚:《福利权研究》,中国民主法制出版社 2009 年版。

26. 丁建定:《英国社会保障制度的发展》,中国劳动社会保障出版社 2003 年版。

27. 丁开杰、林义:《后福利国家》,上海三联书店 2004 年版。

28. 周弘:《福利国家向何处去》,社会科学文献出版社 2006 年版。

29. 刘星:《法理学导论》,法律出版社 2005 年版。

30. 汪劲:《环境法学》,北京大学出版社 2006 年版。

31. 范斌:《福利社会学》,社会科学文献出版社 2006 年版。

32. 车文博:《人本主义心理学》,浙江教育出版社 2003 年版。

33. 闵琪:《从公共品需求到公共品供需均衡——理论与现实》,经济科学出版社 2011 年版。

34. 中共中央马克思恩格斯列宁斯大林著作编译局:《马克思恩格斯选集》(第 3 卷),人民出版社 1995 年版。

35. 陈新民:《公法学札记》,中国政法大学出版社 2001 年版。

36. 杨建顺:《日本行政法通论》,中国法制出版社 1998 年版。

37. 吴庚:《行政法之理论与实用》(增订 8 版),中国人民大学出版社 2005 年版。

38. 汪习根:《法治社会的基本人权》,中国人民公安大学出版社 2002 年版。

39. 翁岳生:《行政法》,中国法制出版社 2002 年版。

40. 周建东:《"公共性"视野下的政府信息公开研究》,山东大学社科与国际共运学院 2007 年版。

41. 金瑞林、汪劲:《20 世纪环境法学研究评述》,北京大学出版社 2003 年版。

42. 李铮生:《城市园林绿地规划与设计》,建筑工业出版社 2006 年版。

43. 王名扬:《英国行政法》,中国政法大学出版社 1987 年版。

44. 王维正:《国家公园》,中国林业出版社 2000 年版。

45. 张文显:《法理学》,高等教育出版社、北京大学出版社 1999 年版。

46. 叶俊荣:《环境政策与法律》,中国政法大学出版社 2001 年版。

47. 吕忠梅:《超越与保守——可持续发展视野下的环境法创新》,法律出版社 2003 年版。

48. 周汉华:《行政复议司法化:理论、实践与改革》,北京大学出版社 2005 年版。

49. 王曦:《国际环境法与比较环境法评论》(第 1 卷),法律出版社

2002 年版。

50. 陈泉生、张梓太:《宪法与行政法的生态化》,法律出版社 2001 年版。

51. 高家伟:《欧洲环境法》,中国工商出版社 2000 年版。

52. 夏勇:《公法》,法律出版社 1999 年版。

53. 魏振瀛主编:《民法》(第 4 版),北京大学出版社、高等教育出版社 2010 年版。

54. 王利明:《侵权责任法新制度理解与适用》,人民法院出版社 2010 年版。

55. 李永峰、唐利、刘鸣达:《环境生态学》,中国林业出版社 2012 年版。

56. 魏振瀛:《民法》(第 5 版),北京大学出版社、高等教育出版社 2013 年版。

57. 孟庆瑜、刘茜:《环境资源法概论》(修订版),中国民主法制出版社 2006 年版。

58. 王曦:《美国环境法概论》,武汉大学出版社 1992 年版。

59. 史玉成、郭武:《环境法的理念更新与制度重构》,高等教育出版社 2010 年。

60. 李挚萍:《经济法的生态化》(第 1 版),法律出版社 2003 年版。

(二)译著

1. [英]柯林武德:《自然的观念》,吴国盛、柯映红译,华夏出版社 1990 年版。

2. [日]一番ヶ瀬康子:《社会福利基础理论》,沈洁、赵军译,华中师范大学出版社 1998 年版。

3. [印]阿玛蒂亚·森:《正义的理念》,王晶、李航译,中国人民大学出版社 2012 年版。

4. [英]安东尼·吉登斯:《第三条道路——社会民主主义的复兴》,

郑戈译,北京大学出版社 2000 年版。

5. [美]威廉姆·H. 怀特科:《当今世界的社会福利》,解俊杰译,法律出版社 2003 年版。

6. [美]罗纳德·德沃金:《认真对待权利》,信春鹰、吴玉章译,中国大百科全书出版社 1998 年版。

7. [奥]凯尔森:《法与国家的一般理论》,沈宗灵译,中国大百科全书出版社 1996 年版。

8. [日]加藤一郎:《民法和环境法的诸问题》,王家福译,中国人民大学出版社 1995 年版。

9. [美]E. 博登海默:《法理学——法律哲学与法律方法》,邓正来译,中国政法大学出版社 1999 年版。

10. [美]J. 罗尔斯:《正义论》,何宏怀、何包钢、廖申白译,中国社会科学出版社 1988 年版。

11. [美]哈罗德·J. 伯尔曼:《法律与革命》,贺卫方、高鸿钧、张志铭、夏勇译,中国大百科全书出版社 1993 年版。

12. [美]弗里德曼:《法律制度》,李琼英、林欣译,中国政法大学出版社 1994 年版。

13. [德]克劳斯·奥菲:《福利国家的矛盾》,郭忠华等译,吉林人民出版社 2006 年版。

14. [英]约翰·基恩:《公共生活与晚期资本主义》,马音、刘利圭、丁耀琳译,社会科学文献出版社 1999 年版。

15. [英]尼古拉斯·巴尔:《福利国家经济学》,郑秉文译,中国劳动社会保障出版社 2003 年版。

16. [英]休谟:《人性论》,关文运译,商务印书馆 1983 年版。

17. [英]约翰·穆勒:《政治经济学原理及其在社会哲学上的若干应用》,胡企林、朱泱译,商务印书馆 1991 年版。

18. [美]乔治·恩德勒:《面向行动的经济伦理学》,高国希译,上海社会科学院出版社 2002 年版。

19. [美]亚伯拉罕·马斯洛:《动机与人格》,许金声、程朝翔译,华夏出版社 1987 年版。

20. [法]莱昂·狄骥:《宪法论》,钱克新译,商务印书馆 1962 年版。

21. [挪]A. 艾德、[芬]C. 克罗斯、[比]A. 罗萨斯:《经济、社会及文化的权利》,黄列译,中国社会科学出版社 2003 年版。

22. [美]珍妮特·V. 登哈特、罗伯特·B. 登哈特:《新公共服务:服务,而不是掌舵》,丁煌译,中国人民大学出版社 2004 年版。

23. [美]罗伯特·丹哈特:《公共组织理论》,项龙、刘俊生译,华夏出版社 2002 年版。

24. [美]罗伯特·V. 珀西瓦尔:《美国环境法——联邦最高法院法官教程》,赵绘宇译,法律出版社 2014 年版,第 204 页。

(三)中文论文

1. 江治强:《社会福利概念、缘起与我国社会福利发展方向》,载《中国民政》2010 年第 3 期。

2. 聂德宗:《对法律制度功能与效率的经济学阐释》,载《学习与探索》1996 年第 4 期。

3. 王雪梅:《中国特色生态文明建设的理论基础与对策设想》,河南大学科学技术哲学学院 2012 年硕士学位论文。

4. 曾繁仁:《关于"生态"与"环境"之辩——对于生态美学建设的一种回顾》,载《求是学刊》2015 年第 1 期。

5. 吴宁、吴贵洋:《论"生态"和"自然"在生态学中的混用》,载《周口师范学院学报》2014 年第 6 期。

6. 王如松、胡聃:《弘扬生态文明深化学科建设》,载《生态学报》2009 年第 3 期。

7. 秦永超:《福祉、福利与社会福利的概念内涵及关系辨析》,载《河南社会科学》2015 年第 9 期。

8. 高功敬:《国家福利功能的正当性研究》,山东大学哲学与社会发展学院2014年博士学位论文。

9. 董立刚:《利益概念研究述评》,载《福建商业高等专科学校学报》2009年第5期。

10. 罗英:《美国法中的福利概念研究——从福利行政概念的误解说起》,载《华南理工大学学报》(社会科学版)2011年第6期。

11. 孔爱国、邵平:《利益的内涵:关系与度量》,载《复旦学报》2007年第4期。

12. 王振波、于杰、刘晓雯:《生态系统服务功能与生态补偿关系的研究》,载《中国人口·资源与环境》2009年第6期。

13. 史玉成:《生态利益衡平:原理、进路与展开》,载《政法论坛》2014年第3期。

14. 王莉:《反思与重构:生态利益损害的侵权法救济机制》,载《重庆大学学报》(社会科学版)2009年第6期。

15. 邓禾、韩卫平:《法学利益谱系中生态利益的识别与定位》,载《法学评论》2013年第5期。

16. 邓扶平、焦念念:《生态福利的法学蕴涵及其学理证成》,载《重庆大学学报》(社会科学版)2014年第1期。

17. 孙国华、黄金华:《论法律上的利益选择》,载《法律科学》1995年第4期。

18. 北岳:《关于义务与权利的随想》(上),载《法学》1994年第8期。

19. 汪太贤:《论法律权利的构造》,载《政治与法律》1999年第5期。

20. 蔡守秋:《论公众共用物的法律保护》,载《河北法学》2012年第4期。

21. 方世南:《环境哲学视域内的生态价值与人类的价值取向》,载《自然辩证法研究》2002年第8期。

22. 叶敏、袁旭阳:《"第三代人权"理论物质浅析》,载《中山大学学报》(社会科学版)1999 年第 4 期。

23. 蔡守秋:《环境权初探》,载《中国社会科学》1982 年第 5 期。

24. 李建良:《论环境保护与人权保障之关系》,载《东吴大学法律学报》2000 年第 2 期。

25. 韩秀义:《中国宪法权利"新"类型的划分、解释与应用》,载《现代法学》2012 年第 6 期。

26. 张国清:《分配正义与社会所得》,载《中国社会科学》2015 年第 5 期。

27. 陈妮:《经济法追求的实质公平》,载《北京工业大学学报》(社会科学版)2008 年第 4 期。

28. 白书祥:《对初次分配与再分配关系的再认识》,载《前沿》2004 年第 1 期。

29. 张美芳:《美国环境税收体系及其启示》,载《现代经济探讨》2002 年第 7 期。

30. 秦鹏:《生态消费税收制度研究》,载《法律科学》(西北政法学院学报)2006 年第 6 期。

31. 陈明仪:《对广州公园免费开放问题的探讨》,载《广东园林》2005 年第 4 期。

32. 方远平、毕斗、甘巧林:《转型期居民对城市公园免费开放的感知分析》,载《旅游学刊》2012 年第 8 期。

33. 林丽:《关于环境行政公益诉讼的法律思考》,载《河北法学》2007 年第 8 期。

34. 葛稣:《福利国家理论及其对我国发展社会保障事业的启示》,载《商业经济》2013 年第 6 期。

35. 蒋银华:《论国家义务的理论渊源》,载《河北法学》2010 年第 10 期。

36. 汪华:《论福利国家产生的实践传统与理论渊源》,载《改革与战略》2008 年第 12 期。

37. 丁东红:《面临挑战的福利国家理论与实践》,载《党政干部学刊》2012 年第 10 期。

38. 刘丽伟:《政治哲学视域下的福利国家研究——以英国为例》,黑龙江大学哲学与公共管理学院 2010 年博士学位论文。

39. 钱大军:《环境法应当以权利为本位——以义务本位论对权利本位论的批判为讨论对象》,载《法制与社会发展》2014 年第 5 期。

40. 郑成良:《权利本位论——兼与封日贤同志商榷》,载《中国法学》1991 年第 1 期。

41. 冯敏良:《“福利”的逻辑:从学理到实践》,载《天府新论》2014 年第 6 期。

42. 丁东红:《福利国家理论及其启示》,载《“西方政治哲学”全国学术研讨会论文汇编》2011 年第 5 期。

43. 张宏军:《西方公共产品理论溯源与前瞻——兼论我国公共产品供给的制度设计》,载《贵州社会科学》2010 年第 6 期。

44. 王晔:《财政分权视角下农村公共产品有效供给研究》,中国农业大学经济管理学院 2015 年博士学位论文。

45. 王爱学、赵定涛:《西方公共产品理论回顾与前瞻》,载《江淮论谈》2007 年第 4 期。

46. 余斌、张钟之:《试析公共产品的本质属性》,载《高校理论战线》2007 年第 1 期。

47. 杨美英:《统筹中国公共产品供给研究》,东北师范大学马克思主义理论与思想政治教育学院 2008 年博士学位论文。

48. 程浩、管磊:《对公共产品理论的认识》,载《河北经贸大学学报》2002 年第 6 期。

49. 周明海、贾凯君:《马克思主义公共产品理论及其现实意义》,载《探索》2009 年第 5 期。

50. 王小刚:《义务本位论、权利本位论和环境公共利益——以乌托邦现实主义为视角》,载《法商研究》2010 年第 2 期。

51. 何峥嵘:《给付行政的发展与行政法理论、制度的回应》,载《学术论坛》2007 年第 11 期。

52. 渠滢:《服务型政府建设与政府行为选择——以给付行政的发展为视角》,载《河北科技大学学报》(社会科学版)2011 年第 4 期。

53. 陈婴虹:《论政府行政方式转变下的给付行政》,载《安徽工业大学学报》(社会科学版)2010 年第 6 期。

54. 谭剑:《给付行政下的政府不作为责任》,载《学术论坛》2010 年第 5 期。

55. 周建东:《"公共性"视野下的政府信息公开研究》,山东大学政治学与公共管理学院 2007 年博士学位论文。

56. 徐祥民:《环境权论——人类发展历史分期的视角》,载《中国社会科学》2004 年第 4 期。

57. 王曦:《试论美国联邦和州宪法在环境权问题上的发展》,载《武汉大学学报》(哲学社会科学版)1992 年第 3 期。

58. 骆建华:《美国的环境立法与执法》,载《世界环境》2000 年第 3 期。

59. 张海霞、汪宇明:《旅游发展价值取向与制度变革:美国国家公园体系的启示》,载《长江流域资源与环境》2009 年第 8 期。

60. 刘红纯:《世界主要国家国家公园立法和管理启示》,载《中国园林》2015 年第 11 期。

61. 刘英姿、饶立新:《美国联邦燃油税征收政策及对我国的启示》,载《税务研究》2003 年第 9 期。

62. 陈耀华、黄丹、颜思琦:《论国家公园的公益性、国家主导性和科学性》,载《地理科学》2014 年第 3 期。

63. 刘鹏、梁留科、刘英:《中美国家风景名胜区门票价格比较研究》,

载《地域研究与开发》2011 年第 5 期。

64. 张明华:《环境公益诉讼刍议》,载《法学论坛》2002 年第 6 期。

65. 曹和平、尚永昕:《西方环境行政公益诉讼制度研究》,载《人民论坛》2010 年第 29 期。

66. 裘璆、何琼:《环境行政公益诉讼——以美、印经验为借鉴》,载《中国环保产业》2006 年第 7 期。

67. 张立:《英国国家公园法律制度及对三江源国家公园试点的启示》,载《青海社会科学》2016 年第 2 期。

68. 王应临、杨锐、[德]埃卡特·兰格:《英国国家公园管理体系评述》,载《中国园林》2013 年第 9 期。

69. 高世星、张明娥:《英国环境税收的经验与借鉴》,载《涉外税务》2011 年第 1 期。

70. 李振京、沈宏、刘炜杰:《英国环境税税收制度及其启示》,载《宏观经济管理》2012 年第 3 期。

71. 谢颖:《英国环境税制的演变及效应评估》,载《生产力研究》2014 年第 9 期。

72. 夏云娇:《西方两大法系环境行政公益诉讼之比较与借鉴》,载《湖北社会科学》2009 年第 5 期。

73. 蔡守秋:《论环境权》,载《金陵法律评论》2002 年第 1 期。

74. 季美萍:《浅谈国外生态税法的经验及对我国的启示》,载《科技创业月刊》2009 年第 3 期。

75. 章志远:《行政公益诉讼热的冷思考》,载《法学评论》2007 年第 1 期。

76. 夏云娇、王国飞:《国外环境行政公益诉讼相关立法对我国的启示——以美国、日本为例》,载《湖北社会科学》2007 年第 9 期。

77. 张晓妮:《中国自然保护区及其社区管理模式研究》,西北农林科技大学农业经济管理学院 2012 年博士学位论文。

78. 马柱国、符淙斌:《中国干旱和半干旱带的10年际演变特征》,载《地球物理学报》2005年第3期。

79. 刘晖、徐鼎黄、李莉华、童世伟:《西北大中城市绿色基础设施之生境营造途径》,载《中国园林》2013年第3期。

80. 蔡守秋:《从环境权到国家环境保护义务和环境公益诉讼》,载《现代法学》2013年第6期。

81. 罗典荣、陈茂云:《环境权初探》,载《法学研究》1988年第3期。

82. 韦联春:《环境权的立法保护》,载《法学》1994年第6期。

83. 唐谢敏:《论环境权》,载《求索》2002年第1期。

84. 林萍:《关于环境权设置的初步构想》,载《环境保护》2002年第1期。

85. 郭宇航、包庆德:《新西兰的国家公园制度及其借鉴价值研究》,载《鄱阳湖学刊》2013年第4期。

86. 王永生:《国家公园的形成与发展》,载《西部资源》2006年第2期。

87. 戴秀丽、周晗隽:《我国国家公园法律管理体制的问题及改进》,载《环境保护》2015年第7期。

88. 唐芳林、孙鸿雁:《我国建立国家公园的探讨》,载《林业建设》2009年第3期。

89. 张文菊、杨晓霞:《我国旅游门票研究综述》,载《人文地理》2007年第2期。

90. 张一粟、陈奇伟:《论我国环境权入宪的基本架构》,载《法学论坛》2008年第7期。

91. 余俊、韦志玲:《论环境权入宪的法理基础》,载《科学发展观研究》2011年第1期。

92. 董灵:《环境权与环境法制创新》,载《法学家》1997年第3期。

93. 王世进、刘恣宏:《环境权理论的发展与环境权入宪的反思》,载

《江西理工大学学报》2012 年第 4 期。

94. 张宝:《我国环境权入宪的进路研究》,载《环境资源法论丛》2009 年第 1 期。

95. 李步云、邓成明:《论宪法的人权保障功能》,载《中国法学》2002 年第 3 期。

96. 吕忠梅:《再论公民环境权》,载《法学研究》2000 年第 6 期。

97. 吴卫星:《环境权入宪之实证研究》,载《法学评论》2008 年第 1 期。

98. 张海霞、汪宇明:《基于旅游发展价值取向转移的理由规制创新刍议》,载《旅游学刊》2009 年第 4 期。

99. 魏旭:《生态修复制度基本范畴初探》,载《甘肃政法学院学报》2016 年第 1 期。

100. 田路、朱忠萍:《浅谈我国开征垃圾税的必要性与可行性》,载《法制与社会》2008 年第 8 期。

101. 柏杨、王超:《北京世界文化遗产游览参照点门票涨价质疑》,载《吉林商业高等专科学校学报》2005 年第 2 期。

102. 徐莉萍、蔡雅欣等:《生态财政转移支付制度研究》,载《中国人口 · 资源与环境》2012 年第 22 期。

103. 慕金辉、赵爽:《环境公益诉讼资金保障制度探究》,载《西部法学评论》2014 年第 2 期。

104. 梅宏、陈志英:《船舶溢油应急反应机制的资金保障制度研究》,载《太平洋学报》2010 年第 10 期。

105. 赵正群:《得知权理念及其在我国的初步实践》,载《中国法学》2001 年第 3 期。

106. 卓光俊:《我国环境保护中的公众参与制度研究》,重庆大学法学院 2012 年博士学位论文。

二、外文参考文献

1. Kenneth J. Arrow, A Difficulty in the Concept of Social Welfare *Jouranl of Political Economy*, 1950, pp. 328 – 346.

2. *Declaration on Human Environment*, princ. 1, 1972U. N. Doc. A/. CONF. 48/14/Rev. 1, http://www. unep. org/Documents/Default. asp? DocumentID = 97. Accessed May 23, 2018.

3. *Rio Declaration on Environment and Developmen*, U. N. Doc. A/. CONF. 151/5, 1992.

4. Asa Briggs, *The Welfare State in Historical Perspective*, Archives European Sociology, 1961.

5. H. Girvetz, *Welfare State in International Encyclopedia of the Social Sciences*, Archives European Sociology 1968.

6. Ben Jackson, *Revisionism Reconsidered*: "*Property-owning Democracy*" *and Egalitarian Strategy in Post-War Britain*, Twentieth Century British History, Vol. 16, No. 4, 2005.

7. Midgley, J, Tracy, M. B. & Livermore, M (ed.), *Handbookofso—cialpoliey*, California, Sage publications, 2000.

8. T. H. Marshall, *Social police in the Twentieth Century*, London, Hutchinson, 1985.

9. Constitution of the Commonwealth of Pennsy lvsnia, Article 1, 1971. p. 27.

10. Caminiti v. Boyle, 107 Wn. 2d 662, 665, 732, p. 2d. 1989. 1987.

11. Purnick, Joyce, *Falling Down on the Upkeep of City Parks*, New York Times, 2001.

12. John Rennie Short, *The Idea of Wilderness*, Journal of Rural Studies, 1991, p. 472.

13. David Short, *Assessing the Utility of a Human Rights Approach to International Environmental Protection*, UMI Company, 2000.

14. Gray Kenneth Lynn, *The public policy process and the national park service*, Ann Arbor. Mich UMI, 1976.

15. Nigel Dudley, Guideline for Applying Protected Area Management Categories, data. iucn. org/dbtw-wpd/edocs/PAPS-016. pdf.

后　记

在跟我的博士研究生导师、重庆大学法学院院长黄锡生教授一起完成国家社科基金项目研究的过程中，我初次接触到了“生态福利”方面的内容，并对此产生了浓厚兴趣。通过对以往资料的梳理，发现生态福利法律制度的相关研究比较薄弱。在国家大力推进“生态文明建设”的背景下，通过法律制度构建保障社会公众的生态福利权，实现人与自然和谐、可持续发展，是这个时代赋予我们的使命。作为环境法的研习者，一种压在心头的危机感和使命感迫使我不断深入挖掘和思考。由此，有了本书的面世。

本书是在博士论文的基础上修改而成。翻动着凝结心血与汗水的篇篇文稿，不禁思绪万千，感慨良多。

本书的创作得到了恩师黄锡生教授，重庆大学法学院唐绍均教授、程燎原教授，甘肃政法学院史玉成教授、韩英夫博士、郭大林博士的精心指点；我的硕士研究生导师、河北大学政法学院院长孟庆瑜教授为本书的顺利出版给予了大力帮助和支持，提供了各种便利条件；法律出版社陈妮、马丽娟、贾方武编辑以高度的敬业精神和扎实的专业功底，对书稿进行了认真的编辑和校对，提出了很多宝贵意见；家人对我无私无求的付出和大力支持也是保证书稿如期出版的必要条件。在此，向上述领导、恩师、朋友和亲人表达我最诚挚的谢意！

囿于学识和能力，加上生态福利法律制度的发展尚处起步阶段，国内外相关研究成果较少，一手资料难得，导致本书研究的实证资料不足，还有不完善之处。今后笔者将结合生态福利法律制度发展的现实状况，对以下问题做出进一步研究。

第一，关注生态福利法律制度推行的社会效果。生态福利法律制度施行后，直接受益者当属社会公众。不同区域的居民是否都能平等、公平分享生态福利？生态福利法律制度对生态福利的供给、分配究竟有何实际影响？生态福利法律配套制度的推行对公众享受生态福利又有何影响？这些问题尚待实证考察。

第二，关注生态福利法律制度的长期实施效果。生态福利法律制度的功能在于应对生态福利供给不足的问题。发达国家的经验表明，该制度对于解决生态福利供需矛盾突出、发展结构不合理、发展机制不完善等问题行之有效。不过，从总体上看，生态福利法律制度的实施时间不长，尤其在我国近几年才被关注和发展，那么该制度的长期推行效果如何？期间还有哪些需要解决的问题？制度建设还有哪些方面需要优化？这些问题都有待深入研究。

回顾过往，恩师在论文指导时的严肃认真，在操场步行时的人生点拨，同学在教室里的赤面争辩……依然历历在目。逝者如斯，吾自当加倍努力，以回报良师益友的厚爱与支持。

刘　茜

2018 年 8 月

图书在版编目(CIP)数据

生态福利法律制度研究 / 刘茜著. -- 北京 : 法律出版社, 2019
(法学与法治建设研究文丛 / 孟庆瑜主编)
ISBN 978-7-5197-3358-2

Ⅰ. ①生… Ⅱ. ①刘… Ⅲ. ①生态环境－环境保护法－研究 Ⅳ. ①D912.604

中国版本图书馆CIP数据核字(2019)第079246号

生态福利法律制度研究
SHENGTAI FULI FALÜ ZHIDU YANJIU

刘 茜 著

策划编辑 陈 妮
责任编辑 马丽娟 贾方武
装帧设计 马 帅

出版 法律出版社
总发行 中国法律图书有限公司
经销 新华书店
印刷 北京虎彩文化传播有限公司
责任校对 王晓萍
责任印制 吕亚莉

编辑统筹 法治与经济出版分社
开本 710毫米×1000毫米 1/16
印张 13.5
字数 196千
版本 2019年5月第1版
印次 2019年5月第1次印刷

法律出版社/北京市丰台区莲花池西里7号(100073)
网址/www.lawpress.com.cn
投稿邮箱/info@lawpress.com.cn
举报维权邮箱/jbwq@lawpress.com.cn
销售热线/010-83938336
咨询电话/010-63939796

中国法律图书有限公司/北京市丰台区莲花池西里7号(100073)
全国各地中法图分、子公司销售电话:
统一销售客服/400-660-6393
第一法律书店/010-83938334/8335 西安分公司/029-85330678 重庆分公司/023-67453036
上海分公司/021-62071639/1636 深圳分公司/0755-83072995

书号: ISBN 978-7-5197-3358-2 **定价:** 63.00元
(如有缺页或倒装,中国法律图书有限公司负责退换)